Oregon State Board of Immigration

Der Staat Oregon

weitsuechtig

Oregon State Board of Immigration

Der Staat Oregon

ISBN/EAN: 9783956561092

Auflage: 1

Erscheinungsjahr: 2013

Erscheinungsort: Bremen, Deutschland

@ weitsuechtig in Access Verlag GmbH. Alle Rechte beim Verlag und bei den jeweiligen Lizenzgebern.

weitsuechtig

Der Staat Oregon.

Eine Schilderung von Klima, Boden- und Mineral-Reichthum, Handel und Industrie, Verkehrsmitteln, Gesetzen, ꝛc. ꝛc.

Mit Karten.

Zum Gebrauch für Einwanderer.

OREGON STATE BOARD OF IMMIGRATION,
ANKENY BUILDING, PORTLAND, OREGON.

EASTERN OFFICE:
328 Washington Street Room No. 8,
BOSTON, MASS.
1876.

Oregon.

Vor dem Bau der Eisenbahnen nach dem Stillen Ocean waren die Staaten Californien und Oregon, in Folge der natürlichen Verkehrsschwierigkeiten, weniger leicht von den atlantischen und westlichen Staaten aus zu erreichen, als andere Welttheile. Allerdings hatte der Ruf ihres begünstigten Klimas und großen natürlichen Reichthums schon vorher eine beträchtliche Bevölkerung aus den älteren Staaten herangezogen; aber der Strom der Einwanderung floß nur langsam in dieselben, bis die Vollendung jener künstlichen Verkehrswege den Aufwand von Zeit und Geld, sowie die großen Beschwerden mit welchen früher die Reise nach dem Stillen Ocean verbunden war, sehr ermäßigt hatten. Seitdem hat eine weit größere und stetig wachsende Zahl von Einwanderern aus den Staaten östlich und westlich der Alleghanies, wie auch von Europa, dort eine Heimath gesucht und gefunden.

Niemand wird heutzutage zu bestreiten wagen, daß Oregon und Californien an natürlichen Vorzügen die östlichen, westlichen und südlichen Staaten weit übertreffen. Was Schönheit der Natur, Milde und Gesundheit des Klimas, Mannigfaltigkeit der Bodenerzeugnisse, und Reichthum an Mineralien und anderen natürlichen Hülfsmitteln betrifft, bieten sie unvergleichlich viel mehr als die Letzteren. Sie gehören in der That zu den begünstigsten Ländern der Erde, und ihre Entwicklung zu großen und blühenden Staaten ist sicher. Diejenigen, welche mit ihren Vorzügen vertraut sind, wundert nur der Umstand, daß ihre Bevölkerung nicht viel rascher vor sich gegangen ist.

Dies ist ohne Zweifel hauptsächlich dem Umstande zuzuschreiben, daß die außerordentlichen Vortheile, welche die beiden Staaten thätigen und unternehmenden Leuten fast jeden Standes darbieten, selbst dem Publikum dieses Landes verhältnißmäßig wenig bekannt sind, und noch vieweniger demjenigen Europas. Californien erlitt hierdurch weniger Nachtheil als Oregon, weil eben sein fast fabelhafter Mineralreichthum ihm seit einem Menschenalter bei der ganzen civilisirten Welt gleichsam als stehende Anzeige gedient hat; wiewohl in Betreff der wahrhaft wunderbaren Fruchtbarkeit seines Bodens, besonders was Getreide und Obst anbelangt, das allgemeine Publikum erst jetzt anfängt eine angemessene Vorstellung zu bekommen. Dazu genießt Californien den anderen Vortheil, daß es direct mit dem Eisenbahn=System der Union verbunden ist, während Oregon, obgleich leicht zu erreichen, doch bis jetzt dieser Verbindung noch entbehrt.

Dennoch verdient Oregon sicherlich noch mehr als Californien die Aufmerksamkeit Auswanderungslustiger aus den älteren Staaten und europäischen Ländern. Kaum weniger reich an natürlichen Hülfsquellen, ist Oregon frei von verschiedenen Nachtheilen, welche Californien neben seinen vielen Vorzügen vor anderen Staaten hat. Der „Goldene Staat" hat vielfach von zerstörenden Dürren zu leiden, von denen Oregon frei ist. Infolge solcher Dürren fanden 1869–71, und theilweise auch 1875, Mißernten der Weizensaat statt. In dem San Joaquin Thale, welches man zu den reichsten Gegenden Californiens zählt, war 1871 die Noth so groß, daß in San Francisko Beiträge gesammelt wurden, um die verarmten Farmer mit Saatkorn zu versehen. Der Zustand war ähnlich, wie er 1874 durch die Heuschrecken in Theilen von Nebraska, Kansas und Minnesota erzeugt wurde. Diese Erfahrungen beweisen, daß häufige Perioden von Dürre zu den stetigen Gefahren für den Ackerbau in Californien gehören. Zum Schutz dagegen nimmt man seine Zuflucht zu künstlicher Bewässerung; aber diese fordert eine große Kapitalsanlage, vermehrt die Arbeitskosten, und kann im besten Falle nur einen unvollkommenen Ersatz für Regen bieten.

Im Winter 1874–5, nach anhaltender versengender Dürre, fielen in Californien mehrere Tage lang schwere Regenschauer, und bewirkten eine plötzliche Anschwellung der Flüsse, welche übertraten und große Zerstörung anrichteten. Viel überschwemmtes Land wurde für längere Zeit unbrauchbar gemacht, Eisenbahn= und Straßenbrücken wurden weggeschwemmt, Dämme gebrochen, Schienengeleise fortgerissen und Verbindungen unterbrochen. In Oregon fiel während desselben Winters im Ganzen viel mehr Regen, und doch fanden keine Ueberschwemmungen statt. Fast jeder Monat hat dort Regen, wogegen in Californien den größeren Theil des Jahres über es fast gar nicht regnet und auf die häufige versengende Dürre folgen stets verheerende Fluthen. Diesen Vorzug über den Schwesterstaat verdankt Oregon seinen großen Waldungen, die den Regen erzeugen helfen und großentheils ihn verhindern, den Boden zu erreichen. Nach jüngsten Beobachtungen beträgt die so aufgefangene Regenmenge 20 bis 25 Prozent. Außerdem verzögern Gras und Moos den Abfluß des Wassers in solchem Grade, daß ein zweiter Theil von 25 Prozent verdunstet und die Wasserrinnen in den Thälern gar nicht erreicht, so daß den Flüssen nur die Hälfte der ganzen Regenmenge abzuleiten übrig bleibt, und deshalb begreiflicherweise die zerstörenden Ueberschwemmungen verhindert.

Ein zweiter Vorzug Oregons über Californien liegt in seiner geringeren Steuerlast, und in der Unerheblichkeit seiner Staatsschuld, wie die folgenden amtlichen Angaben zeigen:

Steuerrate.	Staat.	County.	Städte, ꝛc.	Total.
Oregon:	$ 177,653	$ 362,753	$ 40,550	$ 580,956
Californien:	2,540,383	5,068,041	208,691	7,817,115

Durchschnitt auf den Kopf in Oregon: $ 6.40
Californien: 14.00

Deff. Schuld.	Staat.	County.	Städte, ꝛc.	Total.
Oregon:	$ 106,583	$ 105,903	$ 6,000	$ 218,486
Californien:	3,429,027	13,817,711	842,344	18,089,082

Durchschnitt auf den Kopf in Oregon: $ 2.40
Californien: 32.00

Weiter ist Oregon freier als Californien von klimatischen Krankheiten, besonders Wechselfiebern, die in Thälern mit viel Sumpfland, wie am Sacramento und San Joaquin, vielfach herrschen. Ferner bietet Oregon viel bessere Gelegenheit gutes Land zu billigen Preisen, und unter einfachen und sicheren Besitztiteln, zu erwerben, als Californien, wo die Ländereien zu tausenden und zehntausenden von Aeckern sich in Händen verhältnißmäßig weniger Eigenthümer befinden, und Besitztitel in Folge ihrer Herleitung aus der Zeit der spanischen und mexikanischen Herrschaft unsicher sind, und vieles Prozessiren veranlassen. Endlich bleibt eben wegen des Umstandes, daß Oregon bis jetzt weniger Einwanderung angezogen hat, ein weiteres Feld und bessere Gelegenheit innerhalb seines Gebietes für neue Ankömmlinge. Die Oregon- und California-Eisenbahngesellschaft verkauft ihre Ländereien zu sehr niedrigen Preisen und mit günstigen Bedingungen, und Regierungsland unter dem Heimstätte-Gesetz ist im Ueberfluß zu haben.

Die unübertroffenen Vorzüge Oregons haben neuerdings größere Aufmerksamkeit auf sich gezogen als je zuvor, wie die große Zahl der Erkundigungen von Seiten solcher Personen, die dahin auszuwandern im Sinne haben, beweist. Der Zweck der folgenden Seiten ist, in Beantwortung dieser zahlreichen Nachfragen vollkommen wahrheits= getreue und unparteiische Auskunft über den Staat zu geben.

Der Umstand, daß der westliche Theil des Staates am dichtesten besie= delt, und am weitesten vorangeschritten ist, bildet die natürliche Veran= lassung, daß das Nachstehende vorzugsweise einer Beschreibung desselben gewidmet ist.

Geographie.

Oregon, der nordwestlichste Staat der Union, liegt zwischen dem zwei= undvierzigsten und sechsundvierzigsten Grade nördlicher Breite. Seine Grenze bildet im Osten Idaho, im Westen der Stille Ocean, im Norden der Columbia=Fluß, im Süden Californien und Nevada. Seine Aus= dehnung ist im Mittel 350 Meilen Ost und West, und 275 Meilen Nord und Süd; sein Flächeninhalt beträgt 95,274 englische Quadrat= meilen, mit einem Areal von 60,000,000 Acres.

Das Cascade=Gebirge, eine Fortsetzung der Gebirgszüge Califor= niens, läuft quer von Süd nach Nord durch den Staat, in einer Ent= fernung von etwa 110 Meilen vom Stillen Ocean. Zahlreiche kahle Schneekuppen vulkanischen Ursprungs erheben sich aus demselben inner= halb Oregons bis zu großen Höhen, darunter die bedeutendsten die Berge, die als Mount Hood (11,025 Fuß), Jefferson, Thielsen, Scott, Pitt, und die Drei Schwestern bekannt sind. Die Cascade=Kette theilt Oregon in zwei scharf getrennte Gebiete, bekannt als östliches und westliches Oregon. Das Erstere ist bei weitem das Größte, aber das Letztere ist, wie bereits gesagt, viel weiter vorgeschritten, und innerhalb seiner natürlichen Grenzen, nämlich zwischen dem Cascade=Gebirge und der Meeresküste, wohnen nahezu neun Zehntel der gegenwärtigen Be= völkerung des Staates.

Eine zweite Gebirgskette, der sogenannte Küstenzug (coast range), erstreckt sich gleichfalls Nord und Süd über Westoregon, in einer Ent= fernung von 40 bis 70 Meilen vom Cascade=Gebirge, und der Küste entsprechend näher. Seine Erhebung ist jedoch bedeutend geringer als die der Cascade=Kette, da seine höchsten Spitzen sich nur wenige tausend

Fuß über die Meeresfläche erheben. Ostoregon wird durch die Blauen Berge in Mitteloregon und das eigentliche Ostoregon getheilt; dieselben bestehen in einem Gebirgszuge mit nordsüdlicher Richtung in einer Entfernung von etwa 150 Meilen vom Cascade=Gebirge.

Das Cascade= und das Küsten=Gebirge theilen, mit den zahlreichen Hügelketten die von ihnen auslaufen, die Oberfläche Westoregons in zahlreiche Thäler von verschiedener Ausdehnung, durchschnitten von mehr oder weniger beträchtlichen Wasserläufen.

Die größten Flüsse Westoregons sind: der Columbia, der es im Norden vom Territorium Washington trennt; der Willamette, der größte Nebenfluß des Columbia; der Young, Lewis und Clark, gleichfalls Nebenflüsse des Columbia; Umpqua und Rogue, Alseya, Siuslaw und Coquille, die in den Stillen Ocean fallen; und Tualatin, Clackamas, Yamhill, Santiam, Luckiamute, Mary, und Long Tom, lauter Nebenflüsse des Willamette, der seinerseits durch drei besondere Flüsse, den McKenzie=, Middle= und East=Fork, gebildet wird.

Die hauptsächlichsten Flüsse Mitteloregons sind Des Chutes, John Day, und Umatilla, mit ihren zahlreichen Nebenflüssen; sie fallen in den Columbiafluß.

Die bedeutenderen Flüsse des eigentlichen Ostoregon sind der Snake, der Oregon von Idaho trennt, und seine größeren Nebenflüsse Grande= Ronde, Powder, Burnt, Malheur, und Owyhee.

Es giebt viele Seen im südöstlichen Oregon, darunter die vornehmsten: der Klamath=, Goose=, Warner=, und Harney=See.

Geschichte.

Im Jahre 1792 endeckte Capitän Gray von Boston, als Befehlshaber des Schiffes Columbia, die Mündung des nach letzterem genannten Flusses, und fuhr denselben hinauf. Diese Endeckung bildete die Grundlage des späteren Anspruchs der Vereinigten Staaten auf das jetzt in Oregon begriffene Gebiet.

Im Jahre 1804 – 5 überstiegen die Capitäne Lewis und Clark das Felsengebirge und fuhren den Columbia hinunter bis zum Stillen Ocean. Ihr amtlicher Bericht machte zuerst die großen natürlichen Hülfsquellen jenes Theiles der Küste allgemein bekannt. Im Jahre 1810 baute Capitän Winship, auch ein Seemann aus New-England, das erste Haus in Oregon. 1811 gründete Johann Jakob Astor von

New-York an der Mündung des Columbia eine Handelsstation, die ihm zu Ehren Astoria genannt wurde. Das Unternehmen nahm einen unglücklichen Ausgang, besonders in Folge des 1812 zwischen den Vereinigten Staaten und England ausgebrochenen Krieges. Die Britten nahmen 1813 von der Station Besitz, und nannten den Platz Fort George. Später ging sie in die Hände der Hudson-Bay Gesellschaft über, und blieb bis 1848 in deren Besitz.

Die Nordwest-Pelzhandelgesellschaft machte jener Gesellschaft eine Zeitlang die Herrschaft am Stillen Ocean streitig; mußte jedoch in wenigen Jahren unterliegen, und ging 1824 in der Nebenbuhlerin auf, welche von da ab bis 1848 ein unbestrittenes Regiment in den Thälern des Columbia und Willamette ausübte.

Im Jahre 1824 wurden die ersten Obstbäume in Oregon gepflanzt; und 1831 machten einige ausgediente Beamte der Hudson-Bay Gesellschaft die ersten regelmäßigen Versuche im Landbau. 1832 wurde die erste Schule eröffnet. Zwischen 1834 – 37 kamen Missionäre verschiedener Religionsgemeinschaften an; sie brachten das erste Rindvieh mit. 1838 traf die erste Druckerpresse in Oregon ein. 1841 besuchte Commodore Wilkes den Columbia auf einer Untersuchungs-Expedition auf Anlaß der amerikanischen Regierung.

Von 1816 bis 1846 hielten die amerikanische und die englische Regierung Oregon unter einem Staatsvertrage in gemeinsamem Besitz. Doch genossen die Bewohner Oregons nicht vor 1843 die Wohlthat einer regelmäßigen Regierung. Erst in jenem Jahre geschahen die ersten Schritte zur Organisation einer provisorischen Regierung, die bei einer in 1845 erfolgten allgemeinen Abstimmung der Einwohner förmlich angenommen wurde.

In Jahre 1843 und den folgenden Jahren fand eine beträchtliche Einwanderung von Amerikanern statt, hauptsächlich aus den Grenz-Sklavenstaaten, sodaß 1846 die weiße Bevölkerung sich auf ungefähr Zehntausend belief. Im Jahre 1846 wurde die erste Zeitung begonnen. In demselben Jahre wurde Oregon in Folge Vertrages mit Groß-Britannien förmlich den Vereinigten Staaten einverleibt. In das Jahr 1847 fiel ein Indianer-Ueberfall, welcher der Anfang vieler Kämpfe mit den Urbewohnern war.

Im Jahre 1848 wurde Oregon vom Congreß als Territorium organisirt, und 1849 trat Joseph Lane als erster Territorial-Gouverneur ins Amt.

Im Jahre 1850 erließ der Congreß, um die Einwanderung nach Oregon zu befördern, den „Schenkungs-Act," kraft dessen alle, die bereits eingewandert waren, oder bis zum ersten Dezember 1850 einwandern würden, große Landschenkungen aus den öffentlichen Domänen erhielten. Ein verheirathetes Paar erhielt 640 Acres, einzelne Männer 320 Acres. Nach dem genannten Datum wurde die Schenkung auf die Hälfte beschränkt.

Ein Theil der durch die Goldentdeckung von 1848–49 sich nach Californien ergießenden Einwanderungsfluth kam Oregon zu Gute; aber das Goldfieber zog auch eine große Menge seiner Bewohner nach Californien. Die im Staate Zurückgebliebenen hatten keine Ursache ihr Verbleiben zu bedauern; denn in jenen Jahren brachten alle Arten von Bodenerzeugnissen fabelhafte Preise in den kalifornischen Minen.

Der Fortschritt Oregons wurde durch die Indianer-Unruhen in 1855, 1858, und den folgenden Jahren sehr gehemmt. Dauernder Friede wurde erst in den letzteren Jahren durch die Entfernung der Indianer auf Reservationen hergestellt.

Im Jahre 1859 wurde Oregon als selbständiger Staat in die Union aufgenommen, mit einer Bevölkerung zur Zeit von 52,465 Köpfen.

Die Schwierigkeit, die reichen Bodenerzeugnisse zu Markte zu bringen, bildete ein ernstliches Hinderniß für den materiellen Fortschritt Oregons, und das Wachsthum des Staates war langsam bis 1869, zu welcher Zeit der Bau von Eisenbahnen begann. Zweihundert und fünfzig Meilen Schienenweg sind bis jetzt im Staate fertig gestellt. Mit Eröffnung von Eisenbahnen erfuhr jedes materielle Interesse eine neue Anregung, und der Wohlstand des Staates hat sich seitdem sehr vermehrt. Nach dem Census von 1870 betrug die Bevölkerung Oregons 90,923 Seelen; nach dem Staats-Census von 1875, 100,000; ohne 7000 neue Ansiedler, die zu spät kamen um mitgezählt zu werden.

Allgemeine Schilderung des Landes.

Es ist eine Thatsache, daß noch Niemand Oregon besucht hat ohne einen tiefen Eindruck von der natürlichen Schönheit des Landes zu empfangen. Ja man kann ohne Uebertreibung behaupten, daß es an mannigfaltigem landschaftlichem Reize von keinem Theile der Vereinigten Staaten übertroffen wird. Nirgends anderswo kann man Landschaftsbilder sehen, die so großartig und dabei so lieblich sind, als die, welche sich überall in Westoregon bieten. Die Verbindung von

Berg und Thal, Wald und Prairie, Fluß und Ocean ist unbeschreiblich schön. Riesenberge erheben ihre beschneiten Häupter weit über den Horizont; unter ihnen liegen ausgestreckt Gebirgszüge mit Kiefern und Tannenwäldern bedeckt; zwischen diesen dehnen sich große wellenförmige Thäler aus, besäet mit Baumgruppen und von schönen Flüssen durchströmt. Die Hand der Natur hat dieser ganzen Gegend ein so vollendetes Ansehn verliehen, daß man unwillkürlich der Einbildung verfällt, man wäre in einem alten Kulturlande, und nicht in einer Gegend wo die weiße Race erst vor zwei Menschenaltern überhaupt erschien. Diese Täuschung wird noch durch den allgemein vorherrschenden kräftigen und vollendeten Baum= und Pflanzenwuchs erhöht, der dem besonderen Einfluß des äußerst günstigen Klimas zu verdanken ist.

Zu den besonderen Eigenthümlichkeiten Oregons gehört die große Menge von Thälern, die, wie bereits erwähnt, durch die verschiedenen Gebirgsketten und ihre kleineren Ausläufer gebildet werden.

Die vornehmsten Thäler in Westoregon sind die der Willamette=, Umqua=, und Rogue=Flüsse. Jedes von diesen verdient eine besondere Erwähnung.

Das Willamette-Thal ist bei Weitem das größte und anziehendste. Man hat es mit Recht „den Garten des Nordwestens" benannt. Keines der berühmten Thäler der Alten oder der Neuen Welt, selbst nicht das Nil-Thal oder das des Sacramento, San Joaquin oder Santa Clara in Californien, übertrifft es an Fruchtbarkeit und Gesundheit. An landschaftlicher Schönheit giebt es nirgends seines gleichen. So hat Er=Vicepräsident Schuyler Colfax es begeistert bezeichnet als eine „so reizende Landschaft wie je eines Malers Pinsel auf Leinwand geworfen hat." Es ist ungefähr 150 Meilen lang, 30 bis 60 Meilen breit, und enthält innerhalb seiner natürlichen Grenzen — nämlich zwischen dem Columbia-Fluß im Norden, dem Cascade=Gebirge im Osten, dem Küstengebirge im Westen, und dem Callapoia=Gebirge im Süden — ein Areal von etwa fünf Millionen Acres, fast durchgängig von ungewöhnlicher Fruchtbarkeit, von welchen aber bis jetzt nur ein Zehntel unter Kultur ist. Es ist durchweg von dem Willamette und seinen Nebenflüssen gut bewässert. Die wichtigsten Ortschaften des Staates, und volle zwei Drittel der Bevölkerung Westoregons befinden sich darin.

Das Umpqua=Thal liegt südlich vom Callapoia=Gebirge, und wird von dem Flusse desselben Namens und seinen Nebenflüssen bewässert. Seine östliche Grenze bildet das Cascade=Gebirge, die westliche das

Küstengebirge, und die südliche der den Gravebach umschließende Höhenzug. Es enthält ungefähr zwei und eine halbe Millionen Acres.

Südlich der letztgenannten Gebirgskette liegt das Thal des Rogue-Flusses, das östlich und westlich dieselben Grenzen wie die beiden andern geschilderten Thäler hat, und im Süden von dem Siskiyou-Gebirge begrenzt wird, das es von Californien trennt. Sein Flächeninhalt beträgt ungefähr zwei Millionen vier hundert tausend Acres.

Alle diese Thäler bestehen nicht aus weiten Flächen, sondern haben mehr den Charakter sanfter Wellenform. Thal und Hügel wechseln miteinander ab, außer in der Mitte des Willamette-Thals, wo eine vollständig flache Prärie von außerordentlicher Fruchtbarkeit etwa fünfzig Meilen lang und dreißig Meilen breit sich befindet.

Außer diesen drei großen Thälern besitzen diejenigen fast aller andern in Verbindung mit Westoregon genannten Flüsse mehr oder weniger Vorzüge.

In Mitteloregon gibt es keine großen Ackerbau-Thäler ähnlich denen des westlichen Theils des Staates. Das Gebiet südlich vom Columbia-Fluß, und zwischen den Cascade- und den Blauen Bergen, besteht in einer Ausdehnung von zwei hundert Meilen aus einer fortgesetzten wellenförmigen Hochebene.

Im eigentlichen Ostoregon sind die Thäler des Grande-Ronde-, Powder-, und Burnt-Flusses denen Westoregons ähnlich. Das Grande-Ronde-Thal soll ungefähr zwei hundert und fünf und siebzig tausend Acres kultivirbares Land enthalten.

Klima. — Gesundheitsverhältnisse.

Das Klima Westoregons ist von eigenthümlicher Milde und Gleichmäßigkeit, und weit angenehmer und gesunder als in andern amerikanischen Staaten in derselben Breite. Weder die plötzlichen und grellen Witterungswechsel, an welchen alle Staaten östlich vom Felsengebirge und nördlich vom 35. Grade N. Br. mehr oder weniger leiden, herrschen dort, noch die Extreme von Sommerhitze und Winterkälte, die man in denselben Staaten findet. Die Temperatur wird sowohl in der heißen, als in der kalten Jahreszeit durch die Passatwinde des Stillen Meeres gemäßigt, die im Sommer von Nordwest, in Winter von Südwest kommen. Auch ist dem Umstande, daß der sogenannte Wärmestrom sich nahe der Küste Oregons bewegt, ein großer Antheil der gleichförmigen

Milde und des Ebenmaßes der Temperatur zuzuschreiben. Aus den durch die Vereinigte Staatenregierung veranstalteten Beobachtungen hat sich als mittlere Temperatur für Westoregon 52° Fahrenh. im Frühling, 67° im Sommer, 53° im Herbst, 39° im Winter ergeben. Das Thermometer steigt selten über 90° an den heißesten Tagen des Sommers, und fällt selten unter 20° im Winter, so daß Arbeit im Freien zu allen Jahreszeiten und Tagesstunden verrichtet werden kann. Da die bedeutenden Temperatur=Unterschiede, durch welche sich in anderen Theilen der Erde die Jahreszeiten unterscheiden, in Oregon in derselben Ausdehnung nicht bekannt sind, so kann man in der That sagen, daß es dort nur zwei Jahreszeiten, eine nasse und eine trockene, gibt. Die nasse oder Regenzeit beginnt gewöhlich um die Mitte November und dauert, mit vielen Unterbrechungen durch helles Wetter von Tagen und selbst Wochen, bis früh im April. Die große Regenmenge, die während dieser Zeit fällt, ist, obgleich wegen ihrer Dauer unbequem, dennoch der größte Segen für Oregon; denn die Regelmäßigkeit des Regenfalles sichert immer reichliche Ernten und Ueberfluß an Natur=Weiden. Dies ist besonders der Fall im Willamette=Thal, wo der jährliche Durchschnitt des Regenfalles 44 Zoll beträgt (ungefähr soviel wie in Davenport (Jowa), Memphis und Philadelphia); während im Umqua= und Rogue= fluß=Thale er zwar etwas weniger beträgt, aber genügend ist um Dürren zu verhüten. Der Regen tritt immer allmählich ein, fällt selten in schweren Güssen, und ist selten von zerstörenden Ueberschwemmungen begleitet. Daß der Regenfall nicht übermäßig ist, ergibt sich ebenfalls aus Wetterbeobachtungen während der letzten zwölf Jahre im Auftrage der Vereinigten Staaten, nach welchen ein Durchschnittsjahr in Oregon aus 233 regenlosen, 122 Regen= und 10 Schneetagen besteht. Letztere fallen immer in Dezember und Januar; in der Regel jedoch fällt Schnee nicht in großen Mengen und bleibt nicht lange liegen. Seit der Besiedlung des Landes hat man wirklich winterliches Wetter nur ein Mal in acht oder zehn Jahren erlebt, und dann ist der Boden nur zwei bis vier Wochen lang mit Schnee bedeckt.

Der Monat Januar des letzten Jahres (1875) zeichnete sich durch eine Kälte von ungewöhnlicher Strenge aus, wobei das Thermometer auf Null (Fahrenheit) fiel und die schiffbaren Flüsse durch Eis blockirt waren. Wiewohl der erwähnte Kältegrad immer noch hoch im Vergleiche mit der in den östlichen und westlichen Staaten während dieses Winters erlebten Kälte erscheint, so ist er ein fast unerhörter für

Oregon. Von den ersten Tagen des April bis Ende Juni ist das Wetter warm und hell, dann und wann von einem Regenschauer unterbrochen, das die Natur erfrischt und in prächtiges Grün kleidet. Die eigentliche trockene Jahreszeit beginnt ungefähr mit Juli und währt bis Oktober, mit Regen dann und wann im September, welcher den Boden für den Pflug vorbereitet. Selbst die wärmsten Sommertage werden durch Seewinde abgekühlt, und von kühlen Nächten gefolgt. Das Klima von Mittel= und Ostoregon unterscheidet sich von dem des westlichen Theils des Staates dadurch, daß dort im Winter viel weniger Regen fällt und folglich mehr Kälte während desselben, und mehr Trockenheit im Sommer stattfindet.

Westoregon ist beinahe frei von den in den östlichen Staaten so oft vorkommenden heftigen atmosphärischen Störungen. Gewitterstürme ereignen sich sehr selten; und Hagelstürme, Orkane, Wirbelwinde, Erdbeben und andere zerstörende Phänomene sind ganz unbekannt. Die verhältnißmäßige Freiheit dieser Gegend von Sturmwinden wird völlig erwiesen durch die regelmäßigen Windbeobachtungen der Regierung während eines Zeitraums von 25 Jahren, in welchen der Wind nur drei Mal mit einer Geschwindigkeit von 45 Meilen die Stunde und einer Kraft von zehn Pfund auf den Quadratfuß über den Staat ging. In Massachusetts, Rhode Island und Connecticut fanden vier Stürme von gleicher Geschwindigkeit und Stärke in 30 Monaten statt; während in Indiana, Illinois, Michigan, Jowa und Wisconsin, in einer Periode von nur 26 Monaten, 25 Stürme von der Geschwindigkeit von 45 Meilen, zwei von 75 Meilen, und zwei Orkane von der furchtbaren Geschwindigkeit von 90 Meilen die Stunde stattfanden.

Dafür, daß Westoregon mit seiner eigenthümlich reinen und milden, dabei aber erfrischenden Luft der Gesundheit ungemein zuträglich ist, liegen entscheidende Beweise vor. Keine Krankheit hat je die Gestalt einer Epidemie in diesem Lande angenommen. Die Küstenkette gewährt Schutz vor den Seestürmen, während das Cascade=Gebirge die vom Norden und Osten blasenden kalten Winde und Schneestürme in hohem Maße, wenn auch nicht gänzlich, ausschließt. Die Sicherung vor scharfen Winden und heftigen Temperaturwechseln, welche in dieser Weise gewährt ist, bewirkt, daß die Bewohner weit weniger als in andern Theilen der Union Hals= und Lungenleiden, rheumatischen und entzündlichen Krankheiten überhaupt, ausgesetzt sind.

Westoregon ist nicht frei von Fiebern, aber die Einwohner leiden von solchen weit weniger als sonstwo in den Vereinigten Staaten. Typhus und typhöse Fieber kommen vor, aber haben nie die Ausdehnung einer Epidemie angenommen. Vom Wechselfieber, das in den meisten westlichen Staaten und, wie früher bemerkt, selbst in den Thälern Californiens vorherrscht, kommt nur eine gelinde Art vor, die bei geeigneter ärztlicher Behandlung leicht weicht. Ein wohlbekannter Arzt, der zwanzig Jahre in Oregon praktizirt hat, sagt in Beziehung auf diesen Gegenstand: „Unsere Angesichts der Ausdehnung der Flußniederungen ziemlich auffällige Freiheit von malarischen Krankheiten verdanken wir unserer nördlichen Breite, den täglichen vom Stillen Ocean herwehenden Seewinden, unseren kühlen erfrischenden Nächten, und der gemäßigten Temperatur selbst unserer wärmsten Tage."

In den wärmsten Sommermonaten werden die Kinder in Oregon, wie anderswo, von Sommerkrankheit heimgesucht; doch weicht die Krankheit bei sachverständiger Behandlung leicht und artet selten in Dysenterie aus.

Die größere Trockenheit Mittel- und Ostoregons bewirkt, daß diese Gegenden sogar noch freier von Hals- und Lungenleiden, Rheumatismus und Fiebern sind als Westoregon.

Nach den amtlichen Berichten des General-Stabsarztes der Armee der Vereinigten Staaten verhalten sich die Todesfälle in Folge von Fieber auf den Militärstationen in Oregon zu denen auf andern Stationen des Landes wie folgt:

Oregon, 1 Tod in	529
New-England, do.	283
Südgrenze von Texas, do.	67
St. Louis, Mo., do.	113
New-York Hafen, do.	66

Aber den schlagendsten Beweis für die durchgehende Gesundheit Oregons liefert die Sterblichkeits-Statistik, die in Verbindung mit der Volkszählung von 1870 aufgenommen wurde. Darnach war die Sterblichkeit in Oregon geringer als in irgend einem andern Staate oder Territorium, mit alleiniger Ausnahme von Idaho, wie aus der folgenden Tabelle ersichtlich ist, welche die betreffenden Ziffern des Census genau wiedergibt. Das Verhältniß der Todesfälle zur Bevölkerung war nach Prozenten in

Oregon	0.69	Mississippi	1.11
Alabama	1.08	Missouri	1.63
Arizona	2.61	Montana	0.90
Arkansas	1.26	Nebraska	0.81
Californien	1.61	Nevada	1.45
Colorado	0.94	New-Hampshire	1.35
Connecticut	1.26	New-Jersey	1.17
Dakota	0.71	New-Mexiko	1.28
Delaware	1.25	New-York	1.58
Distrikt von Columbia	1.53	Nord-Carolina	0.98
Florida	1.21	Ohio	1.11
Georgia	1.15	Pennsylvania	1.49
Idaho	0.33	Rhode Island	1.26
Illinois	1.33	Süd-Carolina	1.05
Indiana	1.05	Tennessee	1.13
Iowa	0.81	Texas	1.37
Kansas	1.25	Utah	1.03
Kentucky	1.09	Vermont	1.07
Louisiana	2.00	Virginien	1.24
Maine	1.23	Washington	0.93
Maryland	1.24	West-Virginien	0.91
Massachusetts	1.77	Wisconsin	0.94
Michigan	0.94	Wyoming	0.81
Minnesota	0.80		

Natürliche Hülfsquellen.

Boden. — In der Darstellung der Bodenverhältnisse Westoregons ist nicht allein auf die Thäler, sondern auch auf die umschließenden Höhen Rücksicht zu nehmen; denn es bildet eine andere Eigenthümlichkeit Oregons, daß die sogenannten „Fußhügel" (foot-hills), welche die Ausläufer der Gebirgsketten bilden, gemeiniglich mit fruchtbarer Erde bedeckt sind, und daß selbst die Oberfläche der eigentlichen Berge in beträchtlicher Ausdehnung ertragfähig ist. In unmittelbarer Nähe der Wasserläufe findet sich ein tiefschwarzer Humus von unvergleichlicher Fruchtbarkeit. Den Boden der Prairien zwischen den eigentlichen Thalsohlen der Bäche und Flüsse bildet ein dunkler Lehm mit Thonuntergrund. Die Hügel im mittleren Theil des Willamette-Thales sind mit einem röthlichen Erdreich bedeckt, das der berühmten rothen Erde Westphalens gleicht; im nördlichen und südlichen Theil des Thales ist der Boden der Hügel ein schwarzer Lehm. Das meiste Land in den größeren Thälern ist fast durchgängig von großer Fruchtbarkeit. Dies ist besonders der Fall in den Prairien zwischen den Fluß-

marschen und den „Fußhügeln." Außer den großen Thälern der Willa-
mette-, Umpqua- und Rogue-Flüsse und ihren Nebenflüssen, bieten
diejenigen des Young-, Lewis- und Clark-, Nehalem- und Coquille-
Flusses, des Skippanon-Baches, die Becken von Tillamook- und Yaquina-
Bay, und die sogenannte Clatsop-Ebene vortreffliche Gelegenheit für
Ackerbau. Die Festhaltung der Feuchtigkeit durch den thonigen Unter-
grund erklärt die ausgezeichnete Tragfähigkeit des Bodens. Auch
behält derselbe seine Ergiebigkeit für ungewöhnlich lange Zeit, und
scheint in der That fast unerschöpflich zu sein. Selbst nachdem er fünfzehn bis dreißig Jahre lang Weizen, Hafer und Gerste getragen hat,
ohne daß irgend Dung benutzt wurde, und die Bearbeitung mehr als
mittelmäßig war, bleibt er so fruchtbar wie je.

In Mittel- und Ostoregon wird guter Boden für Ackerbauzwecke
nicht so allgemein gefunden, als westlich vom Cascade-Gebirge. Der
beste findet sich in den Thälern entlang den Wasserläufen. In einigen
Theilen dieser Gebiete muß künstliche Bewässerung angewendet werden,
um den Boden tragfähig zu machen.

Bauholz. — Das Cascade-, das Küsten- und das Calapooia-Ge-
birge, sowie ein großer Theil der Thäler Westoregons, sind mit mächti-
gem Walde bedeckt, der einen unerschöpflichen Vorrath an hartem und
weichem Holze darbietet. In den Thälern wachsen in großer Fülle
verschiedene Arten Esche, Eiche, Ahorn, Balsam und Erle, wie auch
Kiefern, Cedern, Fichten und Eiben. Auf den Fußhügeln finden sich
zerstreute Eichen und Fichten, an vielen Stellen mit dichtem Nachwuchs.
Die Berge sind meistentheils dicht bewachsen mit hohen Fichten, Tannen,
Kiefern, Hemlock, Ceder, Lärche und Lorbeer, mit wenig Unterwuchs.
Zwei Arten von Cedern, zwei von Kiefern, und drei von Tannen sind
in Oregon einheimisch. Die Bäume haben einen ungemein schönen
und regelmäßigen Wuchs. Im nördlichen Theil des Staates wächst
überall die rothe Kiefer und wird zwei hundert bis zwei hundert und
fünfzig Fuß hoch, mit Stämmen von neun Fuß Durchmesser, von hundert bis zu hundert und fünfzig Fuß hoch frei von Aesten. Aus solchen
Bäumen hat man achtzehn Riegellängen geschnitten, und fünf bis zehn
tausend Fuß Bretter. Hollunderstöcke von achtzehn bis dreißig Zoll im
Umfang, und Haselbüsche von ein bis fünf Zoll im Durchmesser sind ganz
gewöhnlich. Man schneidet Nutzholz aus Hollunder Sägeblöcken, die
zwanzig bis dreißig Zoll im Durchmesser haben. In den Wäldern
südlich vom Umpqua findet sich gelbe Fichte, und ebenso im Ueberfluß

die Zuckerfichte, deren Holz sehr gesucht ist. Für Zwecke des Handels und
der Industrie sind die rothe Ceder, rothe Kiefer, Hemlock, Zuckerfichte,
Ahorn und Esche am werthvollsten. Schwarze Wallnuß und Hickory
sind mit gutem Erfolg angepflanzt.

Mineralien. — Der Mineralreichthum Oregons ist sehr groß, aber
noch sehr unvollständig entwickelt; vorzüglich wegen Mangel an
Capital. Gold wurde zuerst in 1851 entdeckt, und zwar in den Be=
zirken (counties) Jackson und Josephine im äußersten Süden des
Staates; dort sind seit jener Zeit stets Minen in Betrieb gewesen.
Ihr Gesammtprodukt bis zur Gegenwart wird auf achtzehn Millionen
Dollars geschätzt; doch hat neuerdings der Ertrag in Folge Mangels
an Wasser abgenommen. Die Bezirke Baker und Grant in Ostoregon
haben ebenfalls viele Millionen edles Metall geliefert. Im Baker=
Bezirk, besonders in der Nähe von Baker=City, werden Goldbergwerke
gegenwärtig sehr lebhaft und mit gutem Erfolg betrieben. An der
Meeresküste, nahe bei Coos=Bay, befinden sich bedeutende Gold=
wäschereien. Reiche Gänge von Golderz sind entdeckt und werden
zum Theil bearbeitet im südlichen Gebiet des Cascade=Gebirges; aber
ihre Entfernung von Eisenbahnen und der Mangel an mechanischen
Hülfsmitteln hat bis jetzt eine ihrem Reichthum entsprechende Entwick=
lung verhindert. Wenn dasselbe Capital und technische Geschick und
derselbe Unternehmungsgeist auf die Goldminen Oregons verwendet
würde, der jetzt die Goldproduktion Californiens nach Jahren der Ab=
nahme wieder in raschem Grade vermehrt, so würde der erstere Staat
dem Letzteren in der Produktion edler Metalle nicht weit nachstehen.
Das jährliche Goldprodukt Oregons stellt einen Werth von ungefähr
1,500,000 Dollars dar.

Blei und Kupfer werden in großer Menge gefunden in den Bezirken
Jackson, Josephine und Douglas, am Crow=Bach, einem Nebenfluß des
Umpqua, und auch am Santiam=Fluß.

Große Lager von reichem Eisenerz gibt es in fast allen Theilen des
Staates. Die wichtigsten derselben liegen nahe Oswego, am Willa=
mette, ungefähr sechs Meilen südlich von Portland. Das Erz davon
liefert ungefähr 54% reines Eisen. Andere ausgedehnte Lager gibt es
in den Bezirken Columbia, Tillamook, Marion, Clackamas, Jackson und
Coos. Ein großes Erzbett hat man bei St. Helens am Columbia
gefunden.

Jenes in der Entwicklung mineralischer Hülfsquellen so wesentliche

Element, die Kohle, besitzt Oregon ebenso reichlich, als Eisen. Lager von großer Mächtigkeit existiren an Coos=Bay, im Coos=Bezirk, am nördlichen Umpqua und im Douglas=Bezirk. Bis jetzt erst theilweise untersuchte Lager hat man gefunden an Yaquina=Bay, bei Port Orford, nahe St. Helens, am Paß=Bach, oder der Linie der Oregon und Californien Eisenbahn, und an verschiedenen andern Punkten in den Bezirken Clackamas, Clatsop und Tillamook. Aber nur wenige dieser Kohlenminen werden regelmäßig betrieben. Die Coos=Bay Minen beschäftigen eine Flotille von Schoonern mit dem Transporte von Koh= len nach San Francisko, wo sie sehr geschätzt werden und 11 Dollars per Tonne bringen. Mit Ausnahme einer einzigen andern Art ist es die beste Kohle, die bis jetzt an der Küste des Stillen Oceans entdeckt wurde. Bei diesem Ueberfluß an Kohlen und Reichthum an Eisen kann die Zeit nicht mehr fern sein, wenn Oregon eine gut entwickelte Eisen= industrie haben wird. Brüche von Kalkstein, braunem Sandstein und Marmor sind im Staate in Betrieb.

Natürliche Weiden. — Die wilden Grasarten in Westoregon sind von vortrefflicher Güte; sie sind sehr fein und süß und bewahren ihre fetterzeugende Eigenschaft bis spät im Herbst. Der Regen, welcher regelmäßig im Mai und Juni fällt, verhindert ihr frühes vertrocknen. Ein Acre dieser natürlichen Weide ernährt ein Schaf, und zwei Acres einen Ochsen. Doch vorzüglich in Mitteloregon, und besonders in seinem südöstlichen Theil, findet man die größten natürlichen Weiden. Man schätzt den Weidegrund dort auf ungefähr 33,000,000 Acres. Eine große Mannigfaltigkeit einheimischer Gräser wächst in dieser weiten Gegend. Kurz, Oregon ist Alles in Allem ein vortreffliches Weideland.

Bewässerung. — Was oben unter dem Titel „Klima" in Betreff der Regelmäßigkeit und Fülle des Regens in Westoregon gesagt ist, erklärt zum größten Theil die Thatsache, daß Oregon eines der best bewässerten Länder der Union ist. Der Schnee im Hochgebirge bildet eine andere unfehlbare Quelle, woraus alle im Cascade=Gebirge entspringenden Ströme regelmäßig die heiße Jahreszeit hindurch gespeist werden. Gute Quellen finden sich überall. Wassermangel herrscht nirgends in Westoregon; aber in einigen Theilen des Gebietes östlich vom Cascade= Gebirge, wo Regen während des Winters nicht so reichlich fällt, ist der Vorrath ungenügend.

Die ungeheure Wasserkraft Westoregons wird in einem nachfolgenden Kapitel über Handel und Industrie beschrieben werden.

Fischerei. — Die Seen, Flüsse, Ströme und Bäche Oregons, außerhalb des Bereiches von Ebbe und Fluth, wimmeln von Forellen ausgezeichneter Güte. In einigen Flüssen im südöstlichen Oregon findet sich der Karpfen in ungeheurer Menge. Der Columbia- und andere in den Ocean mündende Flüsse sind reich an Lachs und Stör, während Stockfische, Flunder und andere Seefische an der Meeresküste gefangen werden. Schaltthiere, wie Austern, Krebse, Speisemuscheln, Krabben, finden sich an Tillamook- und Yaquina-Bay.

Forellen und Lachs bilden einen Handelsartikel; doch erstere bis jetzt nur in beschränktem Umfange. Die Lachsfischereien des Columbia jedoch sind von großer commerzieller Bedeutung. Die Zeit des Fanges beginnt im April und geht mit Juli zu Ende. Die Fische werden im Fluthwasser mit Netzen und Fallen in ungeheurer Menge gefangen, während sie frisch vom Ocean den Fluß aufwärts ziehen. Sie werden frisch in Blechbüchsen von ein und zwei Pfund eingelegt, und gesalzen in ganze und halbe Fässer. Der Columbia-Lachs ist sehr fett und hat einen besonders feinen Geschmack. Lachsfischerei wird auch an den Mündungen des Rogue, Umpqua, Coquille und Nehalem betrieben. Der Fang reicht aber dort gewöhnlich nur für den heimischen Bedarf.

Wild. — Es würde schwer sein ein besseres Feld für den Jäger zu finden, als Oregon. In allen Thälern des Staates finden sich Hirsche, Hasen, Fasanen, Birkhühner, Wachteln, Schnepfen (letztere vier Arten von ungewöhnlicher Größe), in großer Menge. Im Herbst findet man wilde Gänse und Enten in großen Schwärmen an Gewässern. Wilde Schwäne sind sehr zahlreich auf den Seen und Flüssen des südöstlichen Oregon. In dem Salbeibezirk dieser Gegend macht das Salbeihuhn seine Heimath. Das Cascade- und Küsten-Gebirge und die kleinern Ketten werden von Elendthier, Hirsch und Antelope in großer Zahl besucht, sowie auch vom Gelben- und Silberfuchs, Minx und Marder. Schwarze, braune und graue Bären und der Kuguar durchstreifen diese Gebirge. Von dem größeren Wilde jedoch besucht nur der Hirsch die bewohnten Theile des Staates.

Produkte.

Westoregon ist unstreitig das beste Feld für Ackerbau in den Vereinigten Staaten. In seinem reichen Boden und seinem milden Klima kann fast jede Art der in der gemäßigten Zone in Amerika und Europa wachsenden Produkte gezogen werden; und erreichen sowohl nach Größe, als Güte eine Vollkommenheit, wie sie selten in anderen Theilen der Union, selbst Californien nicht ausgenommen, sich findet.

Getreide. — Unter den Produkten Westoregons steht Weizen, der wegen seiner ausgezeichneten Güte berühmt ist und auf den Kornmärkten der Welt hohe Preise erzielt, voran. Das Korn ist sehr schön und voll, und wiegt oft von fünf und sechzig bis neun und sechzig Pfund auf das Buschelmaß.

Zunächst dem Weizen an Bedeutung steht Hafer. Das Handelsgewicht für Hafer beträgt in Oregon sechs und dreißig Pfund auf den Buschel; aber der Boden ist seinem Wachsthum so günstig, daß sein Gewicht oft fünf und vierzig und selbst fünfzig Pfund auf den Buschel erreicht. Auch Gerste wird mit Erfolg gebaut. Mais wird in manchen Gegenden mit Vortheil gepflanzt; doch wird seine Kultur nicht besonders betrieben, weil der Sommer durchschnittlich zu kühl für diese Frucht ist.

Die Tragfähigkeit ist, wie überall, örtlich verschieden je nach der Beschaffenheit des Bodens und der verständigen Bearbeitung desselben. Bei nur annähernd angemessener Bearbeitung liefert gutes Land von fünf und zwanzig bis fünf und vierzig Buschel Weizen vom Acre, ohne Dung. Bei ausgezeichneter Kultur erzielt man auf dem besten Boden, ohne Anwendung von Dünger, einen beträchtlich größeren Ertrag; aber dreißig Buschel auf den Acre ist ein gutes Durchschnitts-Ergebniß. Von Gerste wird von vierzig bis sechzig, und Hafer von fünfzig bis achtzig Buschel auf den Acre gezogen; je nach Boden und Bearbeitung. Selbst auf den „Fußhügeln" sinkt der Ertrag nicht unter dieses Maß. Weder Heuschrecken, noch Insekten irgend einer anderen Art; weder Rost, noch Mehlthau haben je das Getreide in Oregon beschädigt. Dürre ist ebenso unbekannt. In der That, nicht eine einzige Weizenernte ist seit der Besiedlung des Landes fehlgeschlagen, das ist, während einer Zeit von dreißig Jahren.

Obige Darstellung bezieht sich speziell auf Westoregon. In Mittel- und Ostoregon ist Ackerbau bis jetzt nur in beschränktem Maße betrieben worden, so daß die Ackerbaukraft dieser Distrikte noch nicht gebührend erprobt ist. Man hat indessen Getreide in einigen Thälern gezogen.

Schuppen und Scheunen zur Hausung des Getreides, welche in anderen Ländern unentbehrlich sind, hat man in Oregon kaum nöthig. Das Getreide wird auf dem Felde mit Maschinen gedroschen und dann in Säcken direkt nach den Lagerhäusern geschickt, zur Lagerung oder zum

Export. Dank den trockenen Sommern leidet der Weizen von der langen Seereise nach Groß=Britannien, wohin er größtentheils exportirt wird, und von der damit verbundenen doppelten Passage durch die Tropen nicht.

Flachs. — Boden und Klima Westoregons scheinen der Flachskultur sehr günstig zu sein, aber bis jetzt hat man Flachs hauptsächlich wegen des Saamens angebaut, der theils zu Oel, theils zu Oelkuchen für das Vieh verarbeitet wird, während der Rest zur Ausfuhr kommt. Neuerdings wurde eine gewisse Menge von Flachsfasern nach Europa geschickt, mit welchen man gründliche Versuche anstellte. Die Faser erwies sich an Stärke und Feinheit vollkommen dem besten europäischen Flachse gleich. Die betreffenden Proben brachten 300 bis 500 Dollars per Tonne. Dieser erfolgreiche Versuch hat große Aufmerksamkeit erregt, und wird ohne Zweifel dazu führen, Flachs in größerem Umfange zu bauen. Bei entsprechender Kultur erhält man von 500 bis 600 Pfund reine Faser per Acre.

Hopfen. — Der erst seit einigen Jahren begonnene Hopfenbau ist sehr einträglich. Er wächst üppig, und seine Qualität hat sich als ausgezeichnet erwiesen. Ein Farmer im Lane=Bezirk baute in 1873 auf dreizehn Acres 12,500 Pfund Hopfen, der sich für 3,430 Dollars verkaufte, wobei die Arbeitskosten nur 700 Dollars betrugen.

Gemüse. — Alle Arten von Gemüse werden in vortrefflicher Güte in Oregon gezogen. Kartoffeln, Kohlrüben, Kürbis, Mangold, Möhren, Pastinaken, Gurken; wie auch die mehr fruchtähnlichen, wie Tomatoes (Goldäpfel) und Melonen, wachsen im Ueberfluß. Der Ertrag der Kartoffel ist 200 bis 500 Buschel vom Acre. Kartoffelkrankheiten sind unbekannt. Der Kartoffelkäfer ist noch nie vorgekommen. Auch in Mittel= und Ostoregon gedeihen Gemüse gut.

Obst. — Westoregon ist ein ausgezeichnetes Obstland. In keinem Theile der Erde wachsen schönere Früchte. Obstbäume pflegen im ersten Jahre sechs bis acht Fuß zu wachsen; tragen Frucht je nach der Sorte im zweiten, dritten oder vierten Jahre; und erschöpfen sich, wenn nicht gebührend gepflegt, bald durch das Uebermaß der Produktion. Sie gedeihen in den Thälern wie auf den „Fußhügeln," und bis zu einer bedeutenden Höhe im Gebirge; doch besonders in geschütztem, trockenem Boden. Auf einer der letzten Staats=Ausstellungen waren jährige Zwetschen=, Pfirsich= und Pflaumenbäume von acht Fuß vier Zoll Höhe, und jährige Kirschbäume von sieben Fuß Höhe ausgestellt.

Aepfel, Birnen, Pflaumen und Kirschen wachsen in solcher Menge, daß die Bäume regelmäßig gestützt werden müssen, damit sie nicht unter der Last der Frucht brechen. Die Ernte mißräth im Willamette=Thale nie, obgleich natürlich die Menge in den verschiedenen Jahren ungleich ist. Apfelwurm und Curculio sind unbekannt; Birnenbrand gleichfalls. Alle genannten Früchte erreichen eine ungewöhnliche Größe, vortreffliche Farbe und feinen Geschmack. Edlere Pflaumen und Kirschen wachsen selbst in Frankreich nicht. Die Hauptsorten von Aepfeln sind: Newton Pippin, hellrother Pippin, Rößling, Spitzbergen, Weinsaft, Baldwin, weißer Parmain, blauer Parmain, Virginia Grünling, Northern Spy. Unter den Birnen: frühe Madeleine, frühe Butterbirne, Osband's Sommerbirne, Louise Bonne de Jersey, Herbst=Butterbirne, Vicar of Wakefield, Winter Nellis und viele andere. Unter den Pflaumen: die frühe Ottoman, Pfirsichpflaume, Columbia, Washington, Jefferson, Goldtropfen, Green Gage. Unter den Kirschen: Mary Duke, Schwarzer Adler, Schwarze Tartarische, Gouverneur Wood, Elton und Royal Ann. Letztere ist die werthvollste von allen Kirschen, die gezogen werden. Deutsche und italienische Zwetschen erreichen eine große Vollkommenheit. Erdbeeren, Johannisbeeren, Himbeeren und Stachelbeeren von feiner Qualität werden im Ueberfluß gezogen. Mehrere Traubenarten werden erfolgreich angebaut, besonders im Roguefluß=Thale, wo ein vortrefflicher leichter Wein, der den californischen übertrifft, daraus gewonnen wird. Pfirsiche gedeihen gut in den Thälern des Umpqua und Rogue, aber im Willamette=Thal sind die Sommernächte für eine vortheilhafte Zucht derselben zu kühl.

Von wilden Früchten wachsen überall in Westoregon Erdbeeren, Himbeeren, Stachelbeeren, Salomonsbeeren und wilde Trauben.

Obstzucht bildet in Westoregon bereits ein ansehnliches Geschäft, und verspricht reichen Gewinn. Im Jahre 1875 wurden an verschiedenen Plätzen Maschinen=Darren zum Obsttrocknen angelegt, deren Erzeugniß von vorzüglicher Güte ist und sehr gesucht, sowohl auf dem Markte San Francisko's, als in New=York, China, Japan, Süd=Amerika, Australien und anderen Häfen. Viel frisches Obst wird nach Californien und den angrenzenden Territorien exportirt. Oregon Aepfel besonders finden in Californien, wo nur eine viel geringere Waare gezogen wird, leichten Absatz.

In Ostoregon (im weitern Sinne) gedeihen viele der in Westoregon gezogenen Fruchtarten gut.

Kulturgräser. — Timotheus-Gras wächst gut in jedem Theile des Staates und liefert die Hauptmasse des Heues. Man schneidet drei Tonnen vom Acre, selbst auf den „Fußhügeln" und Bergen. Rother und weißer Klee wächst bei gehöriger Pflege üppig. Alfalfa, Blaugras und Gartengras gedeihen überall gut.

In Mittel- und Ostoregon hat man weißen Klee mit gutem Erfolg zur Saat unter dem Büschelgras eingeführt.

Vieh.

Das milde Winterklima, der Umstand daß die einheimischen Gräser fast das ganze Jahr grün bleiben, und die Leichtigkeit der Graskultur machen Oregon zu einem ausgezeichneten Lande für die Zucht jeder Art von Vieh. Da wilde Weide so reichlich vorhanden ist, so ist es allgemeiner Brauch der Farmer in Oregon, Futter nur während eines Theiles des Jahres zu reichen und während des größten Theiles desselben ihr Vieh frei umherstreifen zu lassen. Bei dem kalten Wetter, welches ab und an im Winter vorkommt, leidet das Vieh mitunter Noth; aber in der Regel verträgt es gut genug, das ganze Jahr hindurch unter freiem Himmel zu leben. Es wird zwar in allen Theilen Westoregons Viehzucht vortheilhaft betrieben, doch ist die Gegend östlich vom Cascade-Gebirge am günstigsten für diesen Zweck. Der Umstand, daß verschiedene Indianerstämme dort jagten, hielt Ansiedler fern, bis dieselben vor einigen Jahren auf Reservationen internirt wurden. Seitdem sind Viehzüchter in großer Anzahl hingezogen und die Menge des Viehes, welches dort das ganze Jahr ohne Obdach weidet, wird auf nahezu hundert tausend Stück geschätzt. Insekten sollen das Vieh dort nie beunruhigen.

Pferde und Hornvieh des Staates sind von mittlerer Güte und werden fortwährend durch die Einführung edler Thiere aus Europa und den östlichen Staaten verbessert.

Die Viehzüchter in Oregon erleiden sehr wenig Verlust durch die gewöhnlichen Viehkrankheiten.

Die Städte des Landes selbst bieten immer einen guten Markt für Rindfleisch. Viel Schlachtvieh vom Osten des Cascade-Gebirges wird weite Strecken nach andern Märkten getrieben.

Schafzucht in Oregon ist von sehr großem Erfolg begleitet Dank den kühlen Sommern, warmen Wintern, und dem grünen Futter während des größten Theils des Jahres. Die ersten Schafe kamen im Jahre 1839 nach Oregon. Jetzt zählen die Heerden im Staate viele Hunderttausende. Seit vielen Jahren hat man sich bemüht, die Zucht durch Einfuhr von Thieren des besten Blutes aus verschiedenen Ländern zu verbessern. Das Ergebniß ist, daß Oregon Wolle hoch im Markt steht; viel höher als die californische; der Unterschied beträgt gewöhnlich sechs Cents das Pfund. Sie ist stark, gleichförmig, knotenfrei und von feiner Textur, und von Fabrikanten sehr gesucht. Der Schorf ist fast unbekannt. Die Schafzüchter anderer Länder sind bereits auf Oregon aufmerksam geworden, und eine Anzahl von ihnen hat sich dort niedergelassen. Die Wollschur in Oregon im Jahre 1875 belief sich auf 2,000,000 Pfund. Das auf den Märkten Oregons verkaufte Hammelfleisch ist von ausgezeichneter Güte.

In den letzten Jahren sind einige Angora-Ziegen in Oregon eingeführt worden. Die Thiere haben sich bis soweit gut befunden.

Obgleich Oregon kein Maisland ist, erzeugt es doch sehr gute Schweine, die mit Wurzeln, Aepfeln, Erbsen, Weizen und Hafer gefüttert werden. Oregon Schinken und Speck erzielen in den Märkten der pacifischen Küste höhere Preise als Fleischwaaren derselben Art von Californien und den westlichen Staaten. Schweinezucht hat seit der Eröffnung der Eisenbahnen des Staates etwas abgenommen, da die Farmer ihr Getreide vortheilhafter im Markt verwerthen können, als durch Fütterung. Die sogenannte Schweinecholera hat nie geherrscht.

Milchwirthschaft.

Das milde Klima und die treffliche wilde Weide Oregons sind dem Betrieb der Milchwirthschaft sehr günstig. Die kühlen Sommernächte, der Ueberfluß an reinem, kühlem Quellwasser, die Abwesenheit von schwülem und nassem Wetter und Gewitterstürmen während der heißen Jahreszeit erleichtern die Produktion von Butter und Käse. Neuerdings sind eigentliche Milchfarmen in verschiedenen Theilen Westoregons eingerichtet worden. Im Willamette-Thal, in den Marschen des Columbia, wo während drei Viertel des Jahres prächtiges Gras von selbst wächst, und im Cascade- und Küsten-Gebirge sind bereits eine Anzahl gut eingerichteter Farmen dieser Art in erfolgreichem Betriebe. Es ist stets ein guter Lokalbedarf für Butter und Käse vorhanden, und der Ueberschuß findet leichten Abgang nach andern Märkten der Küste.

Im Jahre 1875 waren in Oregon 560,000 Acres unter Kultur, mit folgenden Erträgen:

Weizen, Buschel	5,080,000	Heu, Tonnen	192,000
Hafer,	2,850,000	Wolle, Pfund	1,860,000
Gerste,	241,000	Käse,	188,000
Roggen,	17,000	Butter,	1,472,000
Mais,	94,000	Lachs, Fässer	4,800
Kartoffeln,	506,000	„ Kisten	250,000
Aepfel,	1,171,000	Gold, Unzen	10,235

Der Staats-Census führt auf:

Schafe	512,300	Hornvieh	235,000
Schweine	98,500	Maulesel	2,000
Pferde	67,300		

Mit Rücksicht auf die Zahl der Bewohner sind diese Resultate gewiß sehr befriedigend. Und doch könnte, ohne Zweifel, das Gesammtprodukt Oregons in hohem Grade vergrößert werden, selbst bei derselben Bevölkerung, wenn die Farmer im Allgemeinen mehr Geschick und Betriebsamkeit in der Bearbeitung des Bodens zeigten. Es ist eine unbestrittene und von angesehenen Männern des Staates tief beklagte Thatsache, daß die Landwirthschaft Oregons sich durchschnittlich auf einer niedrigen Stufe befindet. Eine viel zu große Zahl unter den Farmern besitzt weder genügende Thatkraft, noch hinreichende Kenntniß tüchtigen Ackerbaues, wie er in den östlichen Staaten und Europa betrieben wird. Zu viele sind damit zufrieden, nur soviel zu bauen, als sie zur Befriedigung ihrer Bedürfnisse mit dem geringsten Maße von Anstrengung und Geschick erlangen können. Die Zahl solcher Farmer, die ihr Ziel darin suchen, durch mannigfaltige Produktion den höchsten Ertrag dem Boden abzugewinnen und seine Fähigkeit durch Versuche mit fremden Erzeugnissen weiter zu erproben, ist überaus gering. Besonders fehlt es an erfahrenen Milchwirthen, Obstzüchtern und Gemüsegärtnern. Eben aus diesen Gründen bietet Oregon eine vorzüglich gute Gelegenheit für Farmer, die es gewohnt sind ihr Geschäft gründlich zu betreiben, und es verstehen die Resultate der Wissenschaft auf die Landwirthschaft anzuwenden.

Bevölkerung, Städte, ꝛc.

Wie bereits erwähnt, ergab der Census von 1870 für Oregon eine Bevölkerung von 90,923 Seelen. Bei einer vom Staate veranlaßten Zählung im letzten Sommer belief sich die Einwohnerzahl auf fast genau 100,000, ohne mehr als 7000 nicht mitgezählte neue Ansiedler. Hiervon sind wohl fünf Prozent Deutsche, die theils in den Städten, theils auf dem Lande ansässig sind. Eine größere Colonie deutscher Landwirthe ist schon seit Jahren nicht weit von Portland, an der Oregon= und California=Bahn, angesiedelt, und hat besonders durch Obstzucht bedeutende Erfolge erzielt.

Die bevölkertste Stadt ist Portland, der Haupthandelsplatz des Staates, mit einer auf ungefähr 13,000 Seelen geschätzten Einwohnerschaft; darunter viele Deutsche, unter denen Turn= und andere Vereine bestehen. Es liegt auf dem linken Ufer des Willamette, ungefähr zwölf Meilen von seiner Mündung in den Columbia. Es kann ein Seehafen genannt werden, da der Willamette bis zu diesem Punkte für Seedampfer, wie für Segelschiffe schiffbar ist. Diesem Umstande und dem andern, daß es mit Ausnahme von Astoria keinen andern für tiefgehende Schiffe zugänglichen Hafen an der Küste gibt, ist das schnelle Wachsthum des Platzes hauptsächlich zuzuschreiben, da er hierdurch der natürliche Sammelplatz für die Produkte des ganzen Willamette=Thales wurde. Die Lage der Stadt ist sehr schön. Sie ist regelmäßig angelegt, mit breiten, gradirten und gepflasterten Straßen. Die Geschäftsstraßen enthalten viele ansehnliche Gebäude, die jeder Stadt Ehre machen würden. Dasselbe läßt sich von den Wohnhäusern sagen. Auch eine Anzahl beachtungswerther öffentlicher Gebäude enthält die Stadt. Die öffentlichen Markthallen zeichnen sich besonders durch Geräumigkeit und gefälliges Aussehen aus. Die Stadt hat gute Schulen für Elementar- und höheren Unterricht; mehrere Banken mit einem Geschäfts=Capital von einigen Millionen; mancherlei Fabriken; eine Anzahl ansehnlicher Gasthäuser; Pferdebahnen; Wasser und Gas. Sie steht mit allen Theilen der Welt in telegraphischer Verbindung, und rühmt sich dreier täglicher und mehrerer Wochenblätter; unter den letzteren ein deutsches. Sie ist der Ausgangspunkt zweier Eisenbahnen, und der Sitz einer Dampfschiffgesellschaft mit zwei Seedampfer=Linien (eine nach San Francisko, und die andere nach Puget Sound, Britisch=Amerika und Alaska), wie auch einer Linie von Flußbooten. Die Binnenfahrt wird noch von zwei weiteren Gesellschaften betrieben, von denen jede eine ansehnliche Flotille von Dampfbooten unterhält. Ein sehr lebhafter Groß= und Kleinhandel in fast allen Handelszweigen wird betrieben. Der Umsatz einiger Großhandelshäuser beläuft sich auf Millionen. Innerhalb weniger Jahre hat die Bedeutung Portlands als Stapelplatz sehr bedeutend zugenommen. Statistische Angaben über seinen Aus= und Einfuhrhandel finden sich unter dem Titel „Handelsverkehr."

Oregon=City, an den Fällen des Willamette, ist ein wichtiger Fabrikplatz, mit fünfzehn hundert Einwohnern.

Salem, der Sitz der Staats=Regierung, fünfzig Meilen südlich von Portland, am rechten Ufer des Willamette, ist eine hübsche Stadt mit etwa vier tausend Einwohnern. Ein imposantes Staatshaus ist im Bau. Mehrere Fabriken haben hier ihren Sitz.

Albany, zwei und neunzig Meilen südlich von Portland, ist ein lebhafter Handelsplatz von einigen tausend Einwohnern, gleichfalls am Willamette. Es ist ein bedeutender Stapelplatz für einheimische Produkte aller Art.

Unter den andern Ortschaften am Willamette sind Harrisburg, Corvallis, Junction=City und Eugene=City die größten. Am letzteren Platz endet der schiffbare Theil des Willamette.

Astoria, an der Mündung des Columbia, ist die älteste Stadt im Staate, mit einer trefflichen Wasserfronte und guten Landungsvorrichtungen.

An der Küste gibt es nur wenige kleinere Ortschaften, wie Yaquina, an Yaquina=Bay; Empire=City, an Coos=Bay; Port Orford und Ellenburg, letzteres an der Mündung des Rogue=Flusses. Alle diese sind kleine Schiffahrtsplätze, nur zugänglich für Fahrzeuge von geringem Tiefgang.

Roseburg, der südliche Endpunkt der Haupt=Eisenbahn des Staates, ist die vornehmste Ortschaft im Umpqua=Thal, mit wenigen hundert Einwohnern.

Jacksonville ist die größte Ortschaft im Rogue=Thal, mit lebhaftem Geschäft und zwischen ein und zwei tausend Einwohnern.

Die wichtigeren Punkte östlich vom Cascade-Gebirge sind: Dalles, Wallawalla und Umatilla am Columbia; und östlich von den Blauen Bergen: La Grande, Union=City und Baker=City im Grande-Ronde-Thal.

Verkehrsmittel.

Oregon besitzt keineswegs alle Verkehrsmittel, welche für die bessere Besiedlung des Landes und volle Ausbeutung seiner Hülfsquellen erforderlich sind. Das dringendste Bedürfniß des Staates ist eine directe Eisenbahnverbindung mit den östlichen Staaten. Der Mangel einer solchen Verbindung war immer, und ist noch das größte Hinderniß einer rascheren Entwicklung des Staates. Indessen, wiewohl Oregon nicht seinen vollen Bedarf hat, ist es doch besser mit natürlichen und künstlichen Verkehrswegen versehen, als andere neue Staaten.

Schiffbare Gewässer. — Der Hauptstrom ist der Columbia, der das ganze Jahr durch bis zum Willamette, 100 Meilen von seiner Mündung, und von dort ostwärts, mit zwei Unterbrechungen bei den Cascades und den Dalles, wo Eisenbahnen den Uebergang vermitteln, nach Priest's Rapids im Territorium Washington, 396 Meilen vom Ocean, und auf seinem Nebenfluß, dem Snake-Fluß, nach Lewiston in Idaho, 470 Meilen vom Ocean, schiffbar ist.

Der Willamette ist für Seedampfer und Segelschiffe bis Portland, 112 Meilen von der See, schiffbar. Bei Oregon-City fällt er senkrecht über ein Felsenbett etwa vierzig Fuß tief. Dieser Fall machte früher die directe Schifffahrt völlig unmöglich. Zuerst wurde auf der Seite von Oregon-City ein Transportweg um ihn herum gelegt. In der Folge wurden an dem entgegengesetzten Ufer, mit einem Aufwand von mehreren hundert tausend Dollars, Schleußen gebaut, welche Dampfschiffen die ununterbrochene Fahrt abwärts und aufwärts ermöglichten. Daher befahren jetzt Dampfschiffe den Fluß bis Eugene-City, 138 Meilen von Portland, bei Hochwasserstand, und bis Salem, 51 Meilen südlich, das ganze Jahr hindurch. Drei Dampfschiff-Linien bewarben sich im Winter 1874 und 1875 um den Verkehr auf dem obern Willamette. Neuerdings werden kleine Böte von sehr geringem Tiefgang eingeführt, mit denen man den Fluß das ganze Jahr durch, soweit er überhaupt schiffbar ist, zu befahren hofft.

Die Flüsse Yamhill und Tualatin sind gleichfalls auf eine gewisse Entfernung während des Hochwasserstandes schiffbar.

Die Schiffe der Oregon-Dampfschiffgesellschaft unterhalten eine wöchentliche Verbindung zwischen San Francisko und Portland, und eine monatliche zwischen Portland und den Plätzen am Puget Sound,

Victoria in Britisch-Amerika, und Sitka in Alaska, vormals Russisch-Amerika.

Eisenbahnen. — Es war natürlich, daß die ersten Eisenbahnen in Oregon im Willamette-Thal gebaut wurden, denn sie waren dort ein thatsächliches Bedürfniß wegen der regelmäßigen Unterbrechung der Flußschifffahrt in den Herbstmonaten, in Folge welcher früher die Masse seiner reichen Produkte gerade zur günstigsten Jahreszeit nicht auf den Markt gebracht werden konnte. Es ist keine Uebertreibung, zu sagen, daß die Eröffnung einer Eisenbahn durch das Thal eine neue Epoche in der materiellen Geschichte Westoregons bezeichnete, und daß diesem Fortschritte die verhältnißmäßig rasche Entwicklung jener Gegend während der letzten Jahre größtentheils zuzuschreiben ist. Ohne diese künstliche Verkehrsstraße hätte der Export der Stapelprodukte unmöglich seinen gegenwärtigen großen Umfang annehmen können. Die bis jetzt gebauten Eisenbahnen haben sich zwar als sehr wohlthätig für die Bewohner erwiesen, sind aber eine Quelle großen Verlustes für diejenigen geworden, welche das Capital für ihren Bau geliefert haben; was eben die gewöhnliche Erfahrung mit neuen Bahnen in andern Theilen der Union ist.

Von den beiden jetzt in Betrieb stehenden Bahnen ist die Oregon- und California-Bahn die wichtigste. Sie ist von ihrem nördlichen Endpunkte am rechten Ufer des Willamette, Portland gerade gegenüber, bis Roseburg im Umpqua-Thal, auf eine Strecke von zwei hundert Meilen, fertig hergestellt. Die Bahn folgt dem rechten Ufer des Willamette bis nahe Junction-City, und berührt alle Hauptplätze im Thale des genannten Flusses. Von Roseburg geht eine gut geleitete Postkutschenlinie bis Redding im Sacramento-Thal, dem gegenwärtigen nördlichen Terminus des californischen Eisenbahn-Systems. Man hofft, im Laufe der Zeit einen Anschluß des letzteren an die Bahnen Oregons durch die Vollendung der Oregon- und California-Eisenbahn herbeizuführen.

Verschiedene Eisenbahn-Projekte sind in der Schwebe, die auf eine directe Verbindung Oregons mit dem Eisenbahn-Netze der östlichen Staaten abzielen.

Landstraßen. — Die Naturstraßen des Staates sind gut. Da das Land offen und wellenförmig ist, und der Boden selten gefriert, so sind sie fast immer in fahrbarem Zustande. Mehrere Straßen über das Cascade-Gebirge verbinden West- mit Ostoregon.

Handel und Industrie.

Handel. — Bis vor wenigen Jahren war Oregon ganz von Californien abhängig. Es hatte keinen selbständigen Handel, sondern bezog seine Bedürfnisse von San Francisko, und schickte dagegen seine eigenen Produkte, als Weizen, Mehl, Hafer, Schinken, Speck, Obst, Wolle, Lachs, 2c. dorthin, die, wieder ausgeführt, auf andern Märkten als Produkte Californiens passirten. Mit der Einführung von Eisenbahnen trat jedoch für den Handel Oregons die Zeit unabhängiger Entwicklung ein. Viele Handelsartikel werden allerdings noch von San Francisko bezogen, statt direct aus den großen Märkten des Ostens importirt zu werden; aber die große Zunahme des Ausfuhrgeschäfts hat eine stetige Zunahme directer Importation aus andern Ländern veranlaßt. Oregon verschifft jetzt, wie schon erwähnt, Weizen direct nach England, Mehl und Lachs nach China und den Sandwich-Inseln, Holz nach Süd-Amerika und Australien, und bezieht dagegen die Produkte dieser Länder. Besonders viel versprechend ist der Handel mit England und China. Während 1871 nur zwei Schiffe für China befrachtet wurden, sind jetzt fünf im Handel mit China beschäftigt. In der Schiffahrtsperiode 1871–72 wurden nur zehn Schiffe nach England befrachtet; die Zahl stieg in der Periode 1872–73 auf achtzehn. Vom 1. August 1873 bis Juli 1874 betrug die Zahl der Schiffe schon **drei und fünfzig**. Der directe Handel mit China, den Sandwich-Inseln und Australien ist ebenfalls in der Zunahme.

Aber der Handel Oregons wird ohne Zweifel erst dann seine volle Entwicklung erreichen, wenn directe Eisenbahnverbindung zwischen den Häfen der atlantischen Küste und den Gewässern des Columbia hergestellt ist. Dann erst wird Portland ganz unabhängig von San Francisko werden. Es unterliegt kaum einem Zweifel, daß ein großer Theil des Handels zwischen der nördlichen Küste des Stillen Oceans und China schließlich Oregon zufallen muß, da der vornehmste Ausfuhrartikel nach China für lange Zeit Mehl sein wird, und dieses kann Oregon besser und billiger liefern, als Californien, weil sein Boden besser für Weizenbau geeignet ist, und weil es größere Wasserkraft und billigeren Brennstoff besitzt, als der Nachbarstaat. Außerdem wird der Umstand, daß die Mündung des Columbia den bedeutendsten chinesischen Häfen mehrere Tage Segelfahrt näher ist, als der Hafen von San

Francisko, dazu beitragen, eine Ableitung des Handels mit dem „Himmlischen Reiche" nach Oregon herbeizuführen, sobald die Mittel für directen Eisenbahntransport nach den östlichen Häfen vorhanden sein werden.

Bei Hochwasserstand können Schiffe vom größten Tiefgang, und bei niedrigem Wasser Schiffe von siebzehn Fuß Tiefgang bequem den Columbia und Willamette hinauf bis an die wohlgebauten Werften Portlands gelangen.

Weizen kann von Portland nach Europa billiger verschifft werden, als von Chicago.

Uebertriebene Schilderungen der mit der Barre an der Mündung des Columbia verknüpften Gefahren haben dem Handelsverkehr Oregons beträchtlich geschadet. Die Behauptung ist durchaus gerechtfertigt, daß bei gewöhnlicher Vorsicht Fahrzeuge die Columbia-Barre mit ebenso wenig Gefahr passiren, als in die Bay von San Francisko oder den Hafen von New-York einlaufen können. Die Wahrheit des Gesagten ist zu verschiedenen Zeiten durch amtliche Untersuchungen und Berichte bestätigt worden.

Die stetige Zunahme des Schiffsverkehrs von Portland liefert den besten Beweis, daß die Barre kein Hinderniß für die Schiffahrt bildet. In dem mit 31. Dezember 1874 ablaufenden Jahre clarirten nicht weniger als 71 Schiffe und Barken nach Häfen in Groß-Britannien, den Sandwich-Inseln, Australien und Brasilien. In derselben Periode beliefen sich die Eintragungen von fremden Schiffen im Zollamte auf 34,064.95, und diejenigen amerikanischer Schiffe auf 11,771.41, oder im Ganzen auf 45,836.36 Tonnen; die Clarirungen fremder Schiffe auf 42,439.17, und die amerikanischer auf 17,576.75, oder zusammen 60,015.92 Tonnen. Die Eintragungen für Küstenfahrt beliefen sich auf 101,025.65, die Clarirungen auf 85,361.94 Tonnen.

Diese Ziffern begreifen nicht den Küstenverkehr von und nach den kleineren Häfen der Küste, womit eine große Anzahl kleiner Fahrzeuge, und zwar vornehmlich mit dem Transport von Roh- und fabrizirtem Holze nach den californischen Märkten, beschäftigt sind. Hauptplätze für diesen Verkehr sind Coos-Bay, Yaquina-Bay und die Mündung des Umpqua.

Der Gouverneur des Staates drückt sich in seiner letzten Botschaft an die Legislatur, vom 16. September 1874, wie folgt aus: „Der Werth unserer Ausfuhr hat eine Summe erreicht, die zehn Millionen Dollars gewiß überschreitet. Ich schätze den Werth unsers Exports von Weizen und Mehl auf nahezu vier Millionen Dollars Gold; den von Hafer, anderem Getreide und Obst, auf eine Million; von Wolle, Häuten, Fleisch, Vieh und Pferden, auf zwei Millionen; von Lachs, auf eine Million fünf hundert tausend; von fabrizirtem Holz und Kohlen, auf eine Million; von Gold, Silber und Eisen, auf eine Million fünf hundert tausend. Dieser Ausweis für eine Bevölkerung von ein hundert tausend Köpfen ist wohl ohne seinesgleichen."

Industrie. — Oregon ist, wie alle neueren Staaten der Union, in erster Stelle ein Ackerbaustaat, mit beschränkter industrieller Entwicklung. Es ist jedoch in einer Anzahl industrieller Zweige ein guter Anfang gemacht.

Nach pecuniären Resultaten gemessen, erscheint die Lachsfischerei als der wichtigste Zweig. Dreißig Fischereien und dreizehn Packanstalten sind an der Mündung des Columbia in Thätigkeit. Während der Fangzeit von 1872 wurden daselbst 170,000 Lachse, von einem Gesammtgewicht von 2,700,000 Pfund und einem Geldwerthe von 432,000 Dollars, in Blechkannen verpackt, und 162,000 Fische, von einem Werthe von 117,000 Dollars, eingesalzen. Der Ausfuhrwerth des in diesen Anstalten zubereiteten Lachses belief sich im Jahre 1873 auf 949,000 Dollars; und in 1875, wie erwähnt, auf 1,400,000 Dollars.

Zunächst an Wichtigkeit ist die Fabrikation von Wollwaaren, die bereits einen hohen Grad von Vollendung erreicht hat. Es sind jetzt in den verschiedenen Theilen des Staates sechs Wollmühlen in Thätigkeit; die bedeutendsten befinden sich in Salem, Oregon-City und in Jefferson am Santiam-Fluß. Die in diesen Anstalten gefertigten Cassimere, Flanelle und Decken sind von ganz ausgezeichneter Güte, und finden im In- und Auslande leichten Absatz. Besonders ist das der Fall mit den in Oregon-City verfertigten Decken, die nach New-York gesandt werden und dort die höchsten Preise bringen. Die Woll-Industrie des Staates verbraucht 1,250,000 Pfund Rohmaterial, darunter 250,000 Pfund importirtes. Die fertige Waare stellt einen Werth von beinahe 1,000,000 Dollars dar.

Viele Mahlmühlen, entweder mit Wasser- oder Dampfkraft, sind bereits in dem Staate im Betrieb (ihre Anzahl wurde 1872 auf achtzig geschätzt), und ihre Zunahme hält gleichen Schritt mit der der Weizenproduktion. Die größten sind in Milwaukee (nahe Portland), Oregon-City, Albany, Salem und McMinnville. Sie können täglich von 300 bis 500 Fässer Mehl (von 196 Pfund jedes) liefern. In New-York und andern östlichen Städten erzielt Oregon Mehl die höchsten Preise. In China, Japan und den Sandwich-Inseln wird es jetzt stets dem californischen Mehl vorgezogen, das vor wenigen Jahren noch für das beste galt. In 1873 wurde der erste Versuch gemacht, Mehl von Oregon nach England zu exportiren, und fiel derselbe sehr gut aus.

Der Holzhandel Oregons ist bereits von Bedeutung. In San Francisko, wie in China, Süd-Amerika und den Sandwich-Inseln ist die Nachfrage nach Oregon Brettern sehr groß. Das Holz hat sich als sehr werthvoll für den Schiffsbau, wie auch für Bau- und andere Zwecke im Allgemeinen erwiesen. Es gibt bereits zahlreiche Sägemühlen im Staate. An verschiedenen Plätzen am Columbia und Willamette, an Coos- und Yaquina-Bays, und in Port Orford sind große Mühlen errichtet, die jede 75,000 Fuß Bretter täglich schneiden können, welche direct von den Mühlen auf Schiffe verladen werden. Die Sägemühlen an Coos-Bay verladen ungefähr 24,000,000 Fuß, und die Total-Ausfuhr des ganzen Staates beträgt 100,000,000 Fuß jährlich. Ein großer Theil des fabrizirten Nutzholzes wird im Staate selbst verbraucht zu Thüren, Fensterrahmen, Läden, und anderen Lokal-Bedürfnissen. Vortreffliche Möbel werden daraus gemacht. Die Anzahl der Säge- und Hobelmühlen im Staate im Jahre 1872 wurde auf ein hundert und siebzig geschätzt.

Schiffsbau ist seit einiger Zeit an verschiedenen Küstenplätzen von Oregon, wie am Columbia und Willamette, mit Erfolg betrieben worden; und es ist jetzt eine Anzahl dort gebauter trefflicher Schiffe flott.

Unweit der Eisenminen bei Oswego, welche unter dem Titel „Mineral-Hülfsquellen" beschrieben wurden, sind ein Hochofen und eine Gießerei in großem Maßstabe (Kosten der Errichtung 100,000 Dollars) seit einiger Zeit in Thätigkeit. Es ist die Absicht der Eigenthümer, ihr Unternehmen durch den Bau einer Rollmühle zu vergrößern. Das gelieferte Roheisen ist von ausgezeichneter Güte, und findet einen Markt im Staate, wie auch in San Francisko, wo es dem schottischen Eisen gleich geschätzt wird. Sehr schöne Gußarbeiten sind bereits aus diesen Werken hervorgegangen. Mehrere andere Gießereien, wie auch Maschinenbau-Anstalten sind an anderen Plätzen in Thätigkeit.

Nahe bei Oregon-City ist eine Papiermühle, die täglich etwa 2000 Pfund Stroh- und anderes Papier liefert. Eine Oelmühle bei Salem erzeugte 150,000 Gallonen Leinöl im Jahre 1873. Flachsmühlen sind in Salem und Albany errichtet, in der Absicht, mit der Zeit Leinwand-Manufaktur einzuführen. Es gibt auch einige Holzwaaren-Fabriken.

Da Hemlock- und Eichenbarke in unerschöpflicher Menge zu haben sind, werden eine Anzahl Gerbereien betrieben; aber dieselben decken bis jetzt noch nicht den heimischen Verbrauch. Es wird noch viel Leder importirt, und zugleich große Mengen roher Häute exportirt.

Es sind auch einige Fabriken für Ackerbau-Geräthschaften vorhanden; aber auch diese decken noch nicht den heimischen Bedarf. Die meisten im Gebrauch befindlichen Ackerbau-Maschinen und Geräthe werden noch mit großen Kosten importirt.

Die vorausgehende Schilderung zeigt, daß die Industrie Oregons, im Ganzen betrachtet, so zu sagen noch in den Windeln liegt, und daß sich im Staate für industrielle Unternehmungen verschiedener Art ein weites Feld bietet. Daß zwei wesentliche Bedingungen vortheilhafter Fabrikation, nämlich Ueberfluß von billigem Rohmaterial und Brennstoff, sich dort finden, ist bereits erwähnt; aber es existirt im Staate noch ein anderes wichtiges Element industriellen Erfolges, nämlich reiche Wasserkraft. Kein Theil der Union ist besser mit natürlicher Triebkraft versehen, als Oregon. Die Fälle bei Oregon-City allein könnten für die gesammte Industrie eines Platzes mit größerer Bevölkerung, als die des ganzen Staates, genügende Triebkraft liefern, indem dieselbe eine Million Pferdekraft übersteigt und mit geringen Kosten bedeutend vermehrt werden könnte. Die Wasserkraft Salems steht der von Oregon-City im Range zunächst. Sie wird vermittelst eines Canals gewonnen, der das Wasser des Santiam in das Bett eines anderen kleinen Flusses leitet. Eine Meile östlich von der Stadt wird das Bett des letzteren in Canäle getheilt und erreicht den Ort in zwei Armen. An jedem Arme sind drei Fälle von fünfzehn bis zwanzig Fuß. Man hat die so hergestellte Triebkraft derjenigen von Lowell in Massachusetts gleichgeschätzt.

Eine beträchtliche Triebkraft findet sich auch in Albany, Harrisburg und Eugene-City. In Springfield, drei Meilen oberhalb Eugene-City, liefert der mittlere Zweig des Willamette eine große Triebkraft. Auch die beiden anderen Zweigflüsse des Willamette geben ansehnliche Triebkraft. Ebenso der Tualatin-Fluß. Die Yamhill-, La Creole-, Lackiamute-, Mary- und Long-Tom-Flüsse können ebenfalls beträchtliche Triebkraft liefern.

Die Wasserkraft des Oberen Columbia ist gleichfalls sehr bedeutend. Bei den Fällen, fünf und sechzig Meilen von Portland, hat der Fluß einen Fall von vierzig Fuß, welcher Mühlen auf viele Meilen hin an beiden Seiten des Flusses mit Triebkraft versorgen könnte. Viele Nebenflüsse des Columbia, wie der Sandy-, Hood- und Deschutes-Fluß, und der Mill-Bach, liefern gleichfalls Wasserkraft. Im südlichen und südöstlichen Oregon gibt es Wasserkraft in Ashland und am Link-Fluß, welcher den Ober- mit dem Unter-Klamath-See verbindet. Die Wasserkraft am letzteren soll der in Oregon-City gleichkommen.

Ländereien.

An einer anderen Stelle ist der „Schenkungs-Act" erwähnt worden, durch welchen den ersten Ansiedlern Oregons große unentgeltliche Landbewilligungen gemacht wurden. Obgleich dieses Congreßgesetz zu seiner Zeit für den Staat von großem Vortheil war, da es eine beträchtliche Einwanderung heranzog, so sind seine Nachwirkungen gerade nicht günstig gewesen. Denn in Folge desselben wurde das am leichtesten zu bebauende Land in Westoregon, das Prairieland des Willamette-Thales, in Besitz genommen und bleibt seitdem in großen Complexen in verhältnißmäßig wenig Händen; und zwar noch dazu in solchen Händen, die entweder zu träge sind, ihren ganzen Besitz zu kultiviren, oder abgeneigt sind, das, was sie nicht selbst bebauen, an Andere zu verkaufen, die es verwerthen würden. Ohne dieses Gesetz würde viel von diesem Lande noch Eigenthum der Vereinigten Staaten Regierung und als solches allen neuen Ansiedlern unter dem Heimstätte- und Verkaufs-Gesetz zugänglich sein.

Der Preis guter Farmen in gutem Wirthschaftsstande und mit guten Gebäulichkeiten ist, je nach Beschaffenheit des Bodens und der Lage, von $15 bis $30 per Acre. Die beste Klasse von Farmen, in unmittelbarer Nähe der Märkte, bringt indessen höhere Preise. Gutes unbebautes Land in den besiedelten Theilen der Flußthäler kostet von $8 bis $15 per Acre, und mehr in besonders günstiger Lage.

Die bedeutendsten Landverkäufer in dem Staate sind die Vereinigte Staaten Regierung und die Oregon- und California-Eisenbahngesellschaft, welche Corporation ihr Land durch den Congreß-Act zur Unterstützung des Bahnbaues bewilligt erhielt. Das kulturfähige Land, sowohl der Regierung, als der Eisenbahn, liegt größtentheils auf den „Fußhügeln" des Cascade- und des Küsten-Gebirges. Urtheilsfähige Kenner behaupten, daß der größere Theil dieses Landes von der besten

Qualität ist, und an Tragfähigkeit dem besten Prairielande gleichkommt. Zerstörende Waldbrände, die über die „Fußhügel" gegangen sind, haben an manchen Stellen den Baumwuchs so gründlich zerstört, daß der Boden mit nur geringen Kosten vollends geklärt werden kann.

Obgleich Vermessungen seit vielen Jahren vor sich gehen, liegen doch weite Strecken der öffentlichen Domäne noch unvermessen. Es befindet sich jedoch jetzt mehr Regierungsland im Markt als voraussichtlich für lange Zeit in Anspruch genommen werden wird. Es gibt drei Land= ämter im Staate, in Oregon=City, Roseburg und La Grande (in Ost= oregon), welche den Ansiedlern, die sich des Heimstätte= und Vorkaufs= Gesetzes zu bedienen gedenken, die gewünschte Gelegenheit dazu bieten. Unter dem „Heimstätte=Gesetz" kann jedes Familienhaupt, sei es Mann oder Frau, oder jeder unverheirathete Mann über ein und zwanzig Jahre (der ein Bürger der Vereinigten Staaten ist, oder seine Absicht erklärt hat, es zu werden), unter Zahlung der Registergebühren, die von sieben bis zwei und zwanzig Dollars betragen, seinen Anspruch regi= striren lassen; und zwar auf achtzig Acres irgend welches von der Regierung innerhalb der Grenzen der Eisenbahnschenkung reservirten Landes, ausgenommen Gold, Silber, Zinnober oder Kupfer enthaltendes Land, und auf ein hundert und sechszig Acres, wenn das beanspruchte Land außerhalb jener Grenzen liegt. Nich fünfjähriger wirklicher Bewohnung und Bebauung gibt die Regierung dem Ansprecher einen vollen Besitztitel. Unter dem Vorkaufs=Gesetz können Personen, welche dieselbe Qualification besitzen, wie die Bewerber unter dem Heimstätte= Gesetz, und nicht in Besitz von 360 Acres in irgend einem Staate oder Territorium der Vereinigten Staaten sind, im Landamt, unter Zahlung einer Gebühr von $2, ein Vorkaufsrecht registriren lassen; das heißt, das Recht sichern, einen Complex von 160 Acres, innerhalb oder außer= halb der Grenzen der Eisenbahnschenkung, zu $2.50 per Acre im erstern, und $1.25 per Acre im letztern Falle, zu erwerben, sobald das Land von der Regierung zum Verkauf ausgeboten wird.

Die Schenkung der Oregon= und California=Eisenbahngesellschaft um= faßt die ungerade numerirten Sektionen innerhalb zwanzig Meilen auf beiden Seiten der Bahn bis zum Betrag von 12,800 Acres auf jede Meile Bahn. Die Gesellschaft verkauft ihr Land unter sehr liberalen Bedingungen, zu den niedrigen Preisen von 1¼ bis 7 Dollars per Acre, zahlbar in Vereinigte Staaten Papiergeld. Der Käufer hat die Wahl, baar zu bezahlen, in welchem Falle ihm ein Disconto von 10% vom

Kaufpreise erlaubt wird; oder zehn Jahre Credit zu nehmen, in welchem Falle er die Kaufsumme in kleinen Beträgen und jährlichen Terminen mit 7% jährlichen Zinsen abzutragen hat. Der Käufer macht beim Creditkauf eine Anzahlung von einem Zehntel des Kaufpreises. Ein Jahr darauf bezahlt er 7% Zinsen auf die übrigen neun Zehntel der Kaufsumme. Am Ende des zweiten Jahres zahlt er ein Zehntel der Kaufsumme und für ein weiteres Jahr Zinsen an dem Rückstande, und so am Ende jedes folgenden Jahres, bis mit Ablauf von zehn Jahren das Ganze abbezahlt ist.

Die Staats-Regierung hat gleichfalls eine große Menge guten Landes zum Verkauf, das ihr von den Vereinigten Staaten geschenkt wurde. Ihr Haupt-Landamt ist in Salem.

Emigranten, welche bemittelt sind, werden in Oregon stets besser daran thun, ihr Geld in bereits kultivirtem Lande anzulegen, als wildes Land zu kaufen; vorausgesetzt, daß sie die Vorsicht gebrauchen, keinen übertriebenen Preis zu zahlen, und einen guten Besitztitel bekommen. Sie machen dann ihre Arbeit sogleich produktiv, und vermeiden Zeitverlust und die Beschwerlichkeiten, die eine neue Niederlassung gewöhnlich mit sich bringt. Doch bei der größern Zahl der Emigranten läßt sich wohl nicht voraussetzen, daß sie im Stande sind, diesen vortheilhafteren Weg einzuschlagen. Die Mehrzahl wird die Gelegenheit benutzen müssen, sich auf Regierungs- oder Eisenbahnland niederzulassen. Für sie ist es von großer Wichtigkeit, daß die Milde des Klimas das Harte der ersten Jahre im Leben neuer Ansiedler sehr verringert, und daß der Lohn geduldiger Arbeit nirgends sicherer erwartet werden kann, als in Oregon.

Neuankömmlinge finden es oft vortheilhaft, Farmen auf ein oder mehrere Jahre zu pachten. Dies ermöglicht es ihnen, mit dem Lande bekannt zu werden, ehe sie sich fest niederlassen, und schützt sie vor Mißgriffen, denen man bei hastiger Niederlassung ausgesetzt ist. Die üblichen Pachtbedingungen sind: der Eigenthümer zieht die halbe Ernte, wenn er außer der Farm auch die Saat, Zugthiere, ꝛc. stellt; und ein Drittel der Ernte, wenn er nur das Land und die festen Anlagen darauf stellt.

Arbeitsgelegenheit.

Der Arbeitsbedarf steht in Oregon, wie in andern Theilen der Welt, unter dem Einfluß der Jahreszeiten. Während der Regenzeit ist die

Gelegenheit für Beschäftigung weniger gut, als wenn das Wetter für Arbeiten im Freien günstig ist. Doch Tagelöhner finden gewöhnlich während des größten Theils des Jahres lohnende Beschäftigung. Besonders für erfahrene Landarbeiter ist die Aussicht auf Beschäftigung gut. Der übliche Lohn für diese Klasse ist von $25 bis $30 per Monat und Unterhalt. Handwerkerlohn beträgt von $3½ bis $5. Wegen der Neuheit des Staates ist die Gelegenheit für feinerer Handwerke Beflissene nicht so gut, wie in den älteren Staaten. Gute Dienstboten sind immer gesucht, und finden leicht Unterkommen zu ebenso hohen Löhnen, wie in Californien, nämlich $20 bis $30 per Monat. Alle Löhne werden in Gold und Silber gezahlt.

Lebensmittelpreise.

Im Ganzen genommen ist der Lebensunterhalt in Oregon billiger, als in den atlantischen Staaten, und nicht theurer, als in den westlichen Staaten. Gewisse Kaufmannsgüter sind theurer, als östlich vom Felsengebirge, aber die meisten einheimischen Produkte sind, trotz der höhern Arbeitslöhne, zu niedrigen Preisen zu haben.

Die Durchschnittspreise in den zwei letzten Jahren in Portland waren: für Weizen, 80 Cents bis $1.20; Hafer, 50 Cents; Kartoffeln, 50 bis 75 Cents; Aepfel, 50 Cents; Mais, $1; Leinsamen, $2; Zwiebeln, $1.50 per Buschel. Für beste Sorte Mehl, $4.25 bis $4.50 per Faß. Gute Ackerpferde sind für $100 per Stück zu haben; Ochsen, $125 per Joch; gute Milchkühe, $25; Schafe, $3 per Stück; ordinäre Wolle, 35 Cents per Pfund. Rindfleisch auf dem Huf ist 5 bis 6 Cents werth; geschlachtet, 10 bis 12 Cents; die besten Stücke, 18 bis 25 Cents; Hammelfleisch, 12 bis 15 Cents; Kalbfleisch, 12 bis 20 Cents; Schweinefleisch, 12 bis 15 Cents per Pfund. Hühner, $5 per Dutzend. Zahme Enten, 62 bis 75 Cents; Gänse, $3; Truthühner, $3; wilde Enten, 62 bis 75 Cents; wilde Gänse, $1.50; Fasanen, 62 Cents; Birkhühner, 75 Cents per Paar; Wild, 10 bis 12 Cents per Pfund. Beste Tafelbutter, 35 bis 40 Cents; gewöhnliche, 20 bis 30 Cents; Kochbutter, 20 Cents per Pfund; Eier, 20 bis 30 Cents per Dutzend.

In den Landstädten und auf dem Lande selbst sind niedrigere Preise herrschend.

Die folgende Preisliste gibt die Preise für Spezerei- und andere Waaren in Portland im Januar 1875:

Käse.

Ankeny's, per ℔	20@25
California	20
Oestlicher	25
Schweizer	45@50

Präservirte Artikel.

Austern, 2-℔ Kannen	33@37½
Austern, 1-℔ do.	25
Mais, 2-℔ do.	33@37
Pfirsichen, 2½-℔ do.	45@50
Pfirsichen, 2-℔ do.	37
Tafelobst, 2-℔ do.	33@37½
Tomatoe, 2½-℔ do.	75
Fadenbohnen, 2-℔ do.	33@37
Spargel	50
Champignon	50@62
Sardinen	25@37½
Gelees	50

Kohlenöl.

Devoe's, per Gallone	40@50
Andere Sorten	37

Kerzen.

Grant's, per ℔	25
Ordinär	20
Paraffine	45@50

Kaffee.

O. G. Java, per ℔	33@35
Costa Rica	27
Guatemala	25
Präparat	33@37
Mocca	45@50

Fisch.

Stockfisch, extra, per ℔	10@12½
Oestl. Stockfisch, do.	12½@15
Lachs	8@10
Lachs, per Fäßchen	$3@$3½
Makrele, No. 1, do.	$3½
Makrele, Messe,	$4½

Getrocknete Früchte.

Aepfel, per ℔	8@10
Pfirsichen	12½@16½
Pflaumen, entkernt	25
Pflaumen	18@20
Rosinen	25
Rosinen, in ¼-Kisten, per Kiste	$1¼@$1½
Rosinen, in ⅛- do.	$1
Korinthen, per ℔	20@25
Citrone	50@62½

Provisionen.

Speck, per ℔	15@17
Schinken, östlicher	18@20
Schinken, Oregon	18@20
Schultern	12½@15
Fett	16½@18

Salz.

Speisesalz, per 50-℔ Sack	$1@$1¼
Grobes	50@62½
Tafelsalz, per Packet	25@37½

Reis.

China, per ℔	8@10
Carolina	12½@15

Pottasche.

Babbitt's, per ℔	15@20
Donnelly's	12½

Saucen.

Lea & Perrin's, per Flasche	50@75
Imperial	62½
Walnut Catsup	50
Tomatoe do.	25@37½
Champignon do.	62

Gewürze.

Nelken, heil, per ℔	75
Muskatnuß, per Unze	12½@15
Durham Senf, per ℔	75@85
Assortirte Gewürze, per Flasche	20@25

Seifen.

Standard Co. C. D., per Kiste	$1¼@$1½
Mc. & Van Hagen's, do.	$2
Irving's, hell, do.	$1½

Stärke.

Oswego, per 6-℔ Kiste	$1
Oswego, per ℔	20
Maisstärke	18@20
Glenfield	20@25

Syrup.

Extra Gold, in Fässern, per Gallone	80@85
Extra Gold, per Gallone	85@90

Zucker.

Gebrochen, per ℔	15@16
Pulverisirt	15@16
Golden C	13½@15
Island	10@12½

Gestpulver.

Preston & Merrill's, per Kanne	20@25
Rumford's	18@20
Donnelly's	18@20

Thee.

Japan, per ℔	50@$1
Japan, Fancykisten	75@90
Gunpowder	$1@$1¼

Nüsse.

Walnüsse, per ℔	20@25
Mandeln	37@50
Hickory	20@25
Haselnüsse	30@37
Pecan	30@37

Staatsform. — Geſetze. — Steuern.

Die Conſtitution des Staates beſtimmt:

Kein Geſetz ſoll, in irgend einem Falle, die freie Bekenntniß und Ausübung religiöſer Meinungen einſchränken.

Keine Staatsgelder ſollen zum Beſten irgend einer Kirche oder für irgend einen religiöſen Zweck, noch für religiöſe Verrichtungen in einem der beiden Häuſer der Geſetzgebenden Verſammlung verwendet werden.

Niemand ſoll infolge ſeiner religiöſen Ueberzeugungen unfähig werden vor Gericht zu zeugen oder als Geſchwornen zu ſitzen, noch ſoll er in irgend einem Gerichtshofe über ſeine religiöſe Meinung befragt werden, um das Gewicht ſeines Zeugniſſes zu vermindern.

Die Form des Eides oder der eidlichen Verſicherung ſoll ſo beſchaffen ſein, wie ſie am angemeſſenſten und bindendſten ſein mag für das Gewiſſen der Perſon, welcher der Eid oder die eidliche Verſicherung abgenommen wird.

Kein Geſetz darf erlaſſen werden, welches den freien Ausdruck der Meinung einſchränkt, über jeden beliebigen Gegenſtand frei zu ſprechen, zu ſchreiben und zu veröffentlichen; aber Jedermann ſoll für den Mißbrauch dieſes Rechtes verantwortlich ſein.

Kein Geſetz ſoll das Recht des Volkes verkürzen, in Perſon und Beſitz, gegen unbegründete Durchſuchung oder Beſchlagnahme ſicher zu ſein; und kein richterlicher Befehl ſoll dazu ausgehen, außer auf Grund glaubwürdiger eidlicher oder eideswerther Ausſage, und ſoll die zu unterſuchende Oertlichkeit und die in Verhaft zu nehmende Perſon oder in Beſchlag zu nehmende Sache genau beſchrieben ſein.

In keinem Gerichtshof ſollen die Verhandlungen geheim geführt werden, ſondern Recht ſoll öffentlich und ohne unnöthigen Verzug geſprochen werden; und Jedermann ſoll Schutz von Perſon, Eigenthum und gutem Namen, und Rechtshülfe nach geſetzlicher Vorſchrift genießen.

In allen Criminalfällen ſoll der Angeklagte die Wohlthat eines öffentlichen Verfahrens vor Geſchwornen des Bezirks, in welchem das Verbrechen begangen wurde, genießen; und ſoll das Recht haben, ſelbſt oder durch einen Vertheidiger gehört zu werden; die Natur der Anklage zu erfahren, und eine Abſchrift derſelben zu fordern; Belaſtungszeugen gegenüber geſtellt zu werden, und Entlaſtungszeugen vorladen zu laſſen.

Niemand ſoll für daſſelbe Vergehen zweimal verfolgt, noch gezwungen werden, in einer Criminalklage gegen ſich ſelbſt Zeugniß zu geben.

Keine verhaftete oder gefänglich eingezogene Perſon ſoll mit unnöthiger Härte behandelt werden.

Bei allen Vergehen, außer Mord und Hochverrath, ſoll Bürgſchaft gegen genügende Sicherheit zuläſſig ſein. Bei Mord und Hochverrath ſoll Bürgſchaft nicht zuläſſig ſein, wenn überführender Beweis oder dringender Verdacht vorliegt.

Strafgeſetze ſollen auf Beſſerung und nicht blos auf Beſtrafung der Verbrecher abzielen.

Uebertriebene Bürgſchaft ſoll nicht verlangt, noch übertriebene Geldſtrafen auferlegt werden. Grauſame und ungewöhnliche Beſtrafung ſoll nicht geübt werden, aber alle Strafen ſollen im Verhältniß ſtehen zu dem Vergehen. In allen Criminalfällen ſollen die Geſchwornen berechtigt ſein, nach der Anweiſung des Gerichtshofes über das Recht ſowohl, als über den Thatbeſtand zu entſcheiden.

In allen Civilprozeſſen ſoll das Recht auf Juryverfahren ungeſchmälert bleiben.

Privateigenthum ſoll nicht für öffentliche Zwecke benutzt, noch Dienſtleiſtung von irgend Jemand ohne billige Entſchädigung beanſprucht werden; ausgenommen bei Verfolgung von Staatszwecken, und ſolche Entſchädigung ſoll im Voraus beſtimmt und angeboten werden.

Schuldhaft ſoll nicht ſtatthaben, ausgenommen in Fällen von Betrug oder verſuchter heimlicher Entweichung von Schuldnern.

Kein Geſetz ſoll erlaſſen werden, das irgend einem Bürger, oder einer Klaſſe von Bürgern, Vorrechte bewilligt, die nicht unter denſelben Bedingungen allen Bürgern zuſtehen.

Kein Geſetz mit rückwirkender Kraft, oder das contraktliche Verpflichtungen ſchädigt, oder deſſen Wirkſamkeit von dem Gutdünken irgend einer Behörde abhängt, ſoll erlaſſen werden, mit Ausnahme der in der Verfaſſung vorgeſehenen Fälle.

Die Wirkſamkeit der Geſetze ſoll nur durch die Geſetzgebende Verſammlung ſuspendirt werden können.

Das Recht des Habeas Corpus soll nicht suspendirt werden, außer wenn es bei Aufruhr oder feindlicher Invasion die öffentliche Sicherheit nöthig macht.

Keine Verurtheilung soll bürgerliche Schande für die Blutsverwandten oder Verfall des Vermögens zur Folge haben.

Kein Gesetz soll das Recht des Volkes schmälern, sich friedlich zu versammeln und über das gemeinsame Wohl zu berathen; seinen Vertretern Instruktionen zu geben; und die Legislatur um Abstellung von Beschwerden anzugeben.

Jederman soll das Recht haben, zur Vertheidigung der eigenen Person und des Staates Waffen zu tragen; aber das Heer soll der Civilgewalt strenge untergeordnet sein.

Kein Soldat soll in Friedenszeiten in irgend einer Behausung ohne Einwilligung des Eigenthümers einquartirt werden; noch auch in Kriegszeiten, außer in der gesetzlich vorgeschriebenen Weise.

Die Verleihung von Adelstiteln oder andern erblichen Auszeichnungen ist verboten.

Kein Gesetz soll erlassen werden, welches Auswanderung aus dem Staate verbietet.

Ausländer, welche Einwohner dieses Staates sind oder werden, sollen, was den Besitz, Genuß und die Vererbung von Eigenthum anbelangt, dieselben Rechte haben, wie eingeborne Bürger.

Die Bestimmungen der Staats-Verfassung über das Wahlrecht sind:

Alle Wahlen sollen frei und gleich sein.

Bei allen Wahlen, über die in dieser Verfassung nicht anderweitige Bestimmungen getroffen sind, soll jeder männliche Bürger der Vereinigten Staaten im Alter von ein und zwanzig Jahren und darüber, welcher die sechs der betreffenden Wahl vorangehenden Monate im Staate gewohnt hat, und jede männliche Person ausländischer Abkunft im Alter von ein und zwanzig Jahren und darüber, welche die sechs der betreffenden Wahl unmittelbar vorangehenden Monate im Staate gewohnt und ein Jahr vor der Wahl ihre Absicht erklärt hat, Bürger der Vereinigten Staaten zu werden, berechtigt sein, bei allen gesetzlichen Wahlen ihre Stimme abzugeben.

Der executive Zweig der Staats-Regierung besteht aus einem Gouverneur, der die oberste Executivgewalt ausübt; einem Staats-Secretär, der zugleich die Pflichten eines Auditors des öffentlichen Rechnungswesens versieht, und einem Staats-Schatzmeister. Diese Beamten werden für vierjährige Termine gewählt. Aber Niemand ist für eines dieser drei Aemter für mehr als acht Jahre, in aufeinander folgenden zwölf Jahren, wählbar. Im Falle einer Vacanz in dem Amte des Gouverneurs gehen die Pflichten desselben auf den Staats-Secretär über; und im Falle einer gleichzeitigen Vacanz in dem Amte des letztern, auf den vorsitzenden Beamten des oberen Hauses der Staats-Legislatur.

Der Gesetzgebende Zweig der Staats-Regierung besteht aus einem Senat und einem Repräsentantenhause. Die Verfassung bestimmt, die Mitglieder des ersteren dürfen die Zahl dreißig, und die des letzteren die Zahl sechzig zu keiner Zeit überschreiten. Die Legislatur tritt alle zwei Jahre am zweiten Montag im September zusammen.

Die Rechtspflege im Staate wird durch ein Obergericht, Kreis- und Bezirksgerichte, Municipalgerichte und Friedensrichter ausgeübt. Alle richterlichen Beamten werden vom Volke gewählt.

Die Staats-Verfassung verpflichtet die Gesetzgebung, jedesmal wenn die Staats-Ausgaben die Einnahmen desselben überschreiten, für das

folgende Fiscaljahr die Erhebung einer Steuer anzuordnen, welche zu=
sammen mit andern Einnahmequellen genügt, den Ausfall zu decken,
sowohl als die ordentlichen laufenden Ausgaben zu bestreiten.

Die Verfassung verbietet absolut die directe gesetzliche Autorisation
irgend einer Bank oder Bankgesellschaft oder sonstigen Geld=Institutes,
wie auch die Ausgabe von Banknoten oder andern Zahlungsversprechen,
die darauf berechnet sind, in irgend welcher Weise oder für irgend
welchen Zweck als Geld zu circuliren. Aber Bankgesellschaften, mit
Ausnahme von Notenbanken, können unter dem allgemeinen Gesetze
betreffend Corporationen gebildet werden.

Die Verfassung verbietet ferner dem Staate, Zeichnungen zum Grund=
capital von Aktiengesellschaften zu machen, oder sich irgendwie an solchen
zu betheiligen. Sie enthält ferner den folgenden strengen Beschluß in
Betreff der Aufnahme von Staats=, Kreis= und Gemeindeschulden im
Interesse von Privatgesellschaften:

Die gesetzgebende Versammlung soll keine Anleihen auf den Credit des Staates autori=
siren, noch in irgend einer Weise Schulden oder Verpflichtungen des
Staates schaffen, welche, einzeln oder zusammen, mit vorher bestan=
denen Schulden oder Verpflichtungen, die Summe von fünfzig tau=
send Dollars überschreiten, ausgenommen im Fall, daß dies zur Abwehr eines
äußeren Feindes oder zur Unterdrückung eines Aufstandes nothwendig werden sollte; und
jede im Namen des Staates eingegangene oder übernommene Schuldverpflichtung soll, wenn
die bereits bestehenden Verpflichtungen sich auf besagte Summe belaufen, null und nichtig
sein.

Der Staat soll nie die Schulden irgend eines Kreises oder einer Gemeinde oder anderen
Corporation übernehmen, es sei denn, daß solche Schulden geschaffen sind zur Unterdrückung
von Aufständen oder zur Vertheidigung des Staates im Kriege.

Kein Kreis, keine Stadt, Ortschaft oder andere municipale Cor=
poration soll durch das Votum ihrer Bürger oder in anderer Weise
Aktienbesitzer in irgend einer Aktiengesellschaft werden, oder Geld=
Umlagen zu Gunsten einer solchen erheben, oder derselben ihren Credit
leihen oder zu deren Unterstützung gebrauchen.

Kein Kreis (county) soll Schulden oder Verpflichtungen schaffen,
welche einzeln oder zusammen fünf tausend Dollars übersteigen.

Kraft eines Staatsgesetzes kann irgend ein nicht seßhafter Bürger der
Vereinigten Staaten oder Ausländer

„Land, oder einen Anspruch darauf, erwerben und im Besitz halten durch Kauf, Ver=
mächtniß oder erbliche Uebertragung; und er ist befugt, es zu übertragen, zu belasten und
testamentarisch darüber zu verfügen; und wenn er ohne testamentarische Verfügung stirbt, so
soll es auf seine Erben übergehen; und in allen Fällen soll solches Land in Besitz gehalten,
übertragen, belastet oder testamentarisch vermacht oder vererbt werden in derselben Weise und
mit derselben Rechtskraft, als wenn solcher Ausländer ein Eingeborner oder ein Bürger
dieses Staates wäre."

Unter den Staatsgesetzen ist jede Person von ein und zwanzig Jahren
und darüber, bei gesunden Sinnen, befugt, über ihr ganzes bewegliches
und unbewegliches Vermögen testamentarisch zu verfügen, unbeschädigt
des Wittwentheils; und jede Person von gesunden Sinnen, und über

achtzehn Jahre alt, kann über ihr ganzes bewegliches Vermögen testamentarisch verfügen. Eine verheirathete Frau kann über ihr selbständiges Eigenthum testamentarisch verfügen.

Eine Wittwe ist zu einem Wittwentheile berechtigt, der in der Nutznießung während Lebenszeit eines Drittels des Grundbesitzes ihres Ehemannes zur Zeit seines Todes bestehen soll; aber ein Leibgedinge kann mit ihrer Einwilligung an die Stelle des Wittwentheils treten.

Die Staats=Verfassung bestimmt, daß verheirathete Frauen selbständige Besitzrechte auf Eigenthum aller Art, welches sie zur Zeit ihrer Verehelichung besaßen oder nachher durch Schenkung, Vermächtniß oder Erbschaft erworben haben, genießen können; und dies Eigenthum ist frei von aller Verbindlichkeit für Schulden oder contractliche Verpflichtungen des Ehemanns. Um diese Befreiung zu sichern, muß ein eidlich bekräftigtes Verzeichniß des besonderen Eigenthums der Frau zur Registration beim Bezirksschreiber eingereicht werden. Dieselbe Befreiung ist durch Landesgesetz allem unbeweglichen und beweglichen Eigenthum gesichert, welches von verheiratheten Frauen durch ihre eigene Arbeit erworben wird.

Das Landesgesetz betreffend die Fälle, in denen Eigenthum von Beschlagnahme für Schuld befreit ist, verfügt wie folgt:

Das folgende Eigenthum soll von Execution befreit sein, wenn der Schuldner oder sein Agent es zur Zeit der Beschlagnahme auswählt und reservirt, oder sobald nach derselben, vor dem Verkaufe, als ihm dieselbe bekannt werden mag.

1. Bücher, Bilder und musikalische Instrumente bis zum Werth von 75 Dollars.
2. Nothwendige Kleidungsstücke bis zum Werth von 100 Dollars; und wenn der Schuldner Familienvater ist, für jedes Glied seiner Familie bis zum Werth von 50 Dollars.
3. Das Werkzeug, Geräth, Gespann, Gefährt, Geschirr, und die Bibliothek, welche nothwendig sind eine Person zu befähigen, die Beschäftigung, wodurch solche Person ihren Lebensunterhalt zu gewinnen pflegt, fortzutreiben, bis zum Werth von 400 Dollars. Auch ein Vorrath an Futter, um solches Gespann 60 Tage lang zu unterhalten. Das Wort Gespann soll so verstanden werden, daß je nachdem es nicht mehr einschließt, als ein Joch Ochsen, oder ein Paar Pferde oder Maulesel.
4. Das folgende Eigenthum, wenn es von einem Hauswirth besessen und thatsächlich gebraucht wird, oder zum Gebrauch für seine Familie gehalten wird, oder wenn es von einem Wohnorte nach einem andern transportirt wird: Zehn Schafe mit der Wolle von einem Jahre, oder dem daraus angefertigten Garn oder Zeug; zwei Kühe und fünf Schweine; Haushaltsgut, Möbel und Hausgeräth, bis zum Werth von 300 Dollars. Auch hinreichendes Futter zur Erhaltung genannter Thiere auf drei Monate. Lebensmittel, welche thatsächlich für den Bedarf der Familie angeschafft und für den Unterhalt derselben auf sechs Monate nothwendig sind.
5. Der Kirchensitz=Stuhl eines Hauswirths und seiner Familie in einer Kirche.

Der Lohn eines gerichtlich verfolgten Schuldners für persönliche Dienstleistung innerhalb 30 Tagen, unmittelbar vor dem richterlichen Erkenntniß auf Execution, soll in solchem Erkenntniß nicht eingeschlossen sein, wenn durch eidliche Erklärung des Schuldners oder sonstwie nachgewiesen wird, daß solcher Verdienst für den Bedarf einer Familie nöthig ist, die ganz oder zum Theil durch seine Arbeit unterhalten wird.

Besteuerung. — Gemäß dem allgemeinen Census von 1870 betrug der Totalwerth des unbeweglichen und beweglichen Eigenthums,

welches in jenem Jahre zur Besteuerung in Oregon abgeschätzt wurde,
$31,798,510; der wahre Werth beider Klassen von Eigenthum jedoch
betrug $51,558,932. Es ergibt sich aus diesen Ziffern, daß, wiewohl
das Gesetz Abschätzung nach dem vollen Baarwerthe verlangt, thatsäch=
lich die Steuern nur von ungefähr 60% desselben erhoben werden.
Klagen über ungerechte Abschätzung werden von einer Ausgleichungs=
Commission gehört.

Im Jahre 1874 beliefen sich die Staatssteuer auf fünf und ein halb
Mill; die Bezirkssteuer (county) auf fünf bis zwölf Mills; die Schul=
steuer durchschnittlich auf drei Mills. Außerdem wird eine Kopfsteuer
von jedem Einwohner, zwischen 21 und 50 Jahren alt, erhoben.

Das bewegliche Eigenthum gebrechlicher und bedürftiger Personen ist
steuerfrei, wie auch das bewegliche Eigenthum jedes Hauswirths zum
Betrage von $300.

Schulwesen.

Nach der Schulstatistik, welche in Verbindung mit dem allgemeinen
Census von 1870 aufgenommen wurde, gab es in jenem Jahre in
Oregon 637 öffentliche und Privatschulen, unter 484 Lehrern und 142
Lehrerinnen, die von 16,753 männlichen und 15,840 weiblichen, oder im
Ganzen von 32,593 Schülern besucht wurden. Die gegebene Gesammt=
zahl der Schulen schließt drei Institute unter dem Namen von Universi=
täten, sechs Collegien, und zehn sogenannte Akademien in sich, sowie
594 Volksschulen, darunter vier höhere Schulen, 31 gradirte und 559
gemischte Schulen, die im Jahre 1873 – 74 mit einem Aufwande von
$215,107 unterhalten wurden. Der Werth des öffentlichen Schul=
eigenthums im Jahre 1873 – 74 betrug $332,764. Eine von den
drei Universitäten ist eine Staats=Anstalt, für die jetzt in Eugene=City
ein Gebäude errichtet wird. Eine zweite, die Willamette University in
Salem, wird von der Bischöflich=Methodisten Kirche; und die dritte, in
der Ortschaft Forest Grove, von der Congregationalisten Kirche unter=
halten. Diese Universitäten sind in Wirklichkeit auch nur Collegiat=
Anstalten (oder Lateinschulen). Die Collegien sind gegründet und
werden unterhalten von den Bischöflichen, Presbyterianer, Baptisten,
Katholischen und Campbelliten Kirchen; mit Ausnahme des Landwirth=
schafts-Collegiums, das eine Staats=Anstalt ist.

Die Unterhaltsmittel der öffentlichen Schulen fließen zum Theil aus speziellen Fonds; der Hauptsache nach aber aus Steuern. Die speziellen Fonds stammen hauptsächlich her aus dem Verkauf des dem Staate von den Vereinigten Staaten für Schulzwecke geschenkten Landes. Für die öffentlichen Volksschulen belief sich die Schenkung auf 500,000 Acres; für die Ausstattung einer Staats-Universität, auf 66,080 Acres; und für das Landwirthschafts-Collegium, auf 90,000 Acres. Der Gouverneur, Secretär und Schatzmeister des Staates bilden, kraft der Staats-Verfassung, einen Ausschuß für den Verkauf des zu diesen Schenkungen gehörigen Landes, und für die Anlage der daraus fließenden Fonds. Die zuerst genannte Schenkung hat bis September 1874 bereits $504,216 ergeben. Man erwartet, schließlich genügende Fonds daraus zu realisiren, um den größeren Theil der Staats-Ausgaben für Schulzwecke zu bestreiten. Aus der Universitäts-Schenkung sind bis jetzt beinahe $100,000 realisirt.

Der Staat unterhält auch Blinden- und Taubstummen-Anstalten.

Man sieht hieraus, daß Oregon verhältnißmäßig sehr gute Bildungsmittel besitzt.

Wer soll nach Oregon gehen?

Einige Belehrung über diesen Punkt ist bereits in dem Abschnitt über Arbeitsgelegenheit gegeben worden; aber der Gegenstand ist so wichtig, daß er noch weitere Ausführung nöthig macht.

Das erste Erforderniß für denjenigen, der sich entschließt, nach einem neuen Lande auszuwandern, um dort seine Lebensumstände zu verbessern, ist gute Gesundheit. Obgleich das Klima Oregons so günstig ist, daß es Schutz vor manchen in andern Staaten herrschenden Krankheiten sichert, und für gewisse körperliche Gebrechen Genesung verspricht, so ist doch anzunehmen, daß an unheilbaren körperlichen Gebrechen leidende Personen, die für ihren Unterhalt zu arbeiten genöthigt sind, durch Auswanderung dorthin einen Mißgriff machen werden. Denn nirgends mehr als in einem fremden Lande und unter Fremden ist die geistige Spannkraft nöthiger, die befähigt, unter Enttäuschungen und Mühseligkeit den Kopf oben zu behalten; und diese findet sich in der Regel nur im Verein mit einem gesunden Leibe.

Leute, welche über die Jahre der vollen Kraft hinaus sind, und nicht mehr die diesen eigene Fähigkeit besitzen, sich gegebenen Umständen anzupassen, werden ebenfalls durch Auswanderung viel auf das Spiel setzen, es sei denn, daß sie Vermögen besitzen. Solchen bieten ältere Länder gewöhnlich bessere Gelegenheit zur Erreichung einer unabhängigen Stellung als neue, wo das Ringen um Unterhalt und Erwerb mehr Thatkraft erfordert, als dem reifen Alter eigen ist. Selbstverständlich laufen unverheirathete Leute weit weniger Gefahr, als solche, welche für andere zu sorgen haben. Besonders Familienhäupter, selbst wenn sie körperlich stark und noch nicht von zu vorgerücktem Alter sind, sollten sorgfältig die möglichen Folgen einer Auswanderung erwägen, sowohl für sich selbst, als für die, deren Zukunft sich nach der ihrigen gestalten wird.

Niemand sollte daran denken, ohne hinreichende Mittel nach Oregon auszuwandern, um sich wenigstens noch eine kurze Zeit nach der Ankunft dort zu erhalten; denn man kann sich nicht darauf verlassen, sogleich nach Ankunft passende Beschäftigung zu finden, und es gibt für einen neuen Ankömmling nichts Entmuthigenderes, als sich auf öffentliche oder private Wohlthätigkeit angewiesen zu finden. Diese Warnung geht ganz besonders Familienhäupter an, bei denen es eine unverantwortliche Pflichtverletzung sein würde, die Ihrigen Bedrängnissen bei ihrer Ankunft auszusetzen. Familien, welche sich auf dem Lande niederlassen wollen, sollten nach Bestreitung sämmtlicher Reisekosten noch über etwa fünf hundert Dollars verfügen können, um die Ausgaben für die Errichtung eines Hauses, für Vieh, Saamen, Ackergeräth, Lebensmittel, ꝛc. zu bestreiten. Zur einfachen Pachtung einer Farm gegen einen Antheil am Erträgnisse dürfte eine geringere Summe genügen.

Im Allgemeinen werden Leute, die an gewöhnliche und Handwerker-Arbeit gewöhnt sind, und eine mäßige Lebensweise mit ausdauerndem Fleiß verbinden, das geringste Risiko durch Auswanderung nach Oregon laufen. Aber Menschen, die keine Lust haben zu arbeiten, oder Abenteurer ohne regelmäßige Beschäftigung, können in Oregon ebenso wenig gebraucht werden, als anderswo.

Auch thätige Farmer dürfen auf gute Aussichten rechnen. Wie bescheiden auch ihr Anfang sein möge, sie werden nach einigen Jahren mit Sicherheit ihr gutes Auskommen finden. Oregon bietet aber nicht bloß für kleine Farmer gute Gelegenheit, sondern Viehzucht und Feldbau im Großen erzielen nirgendwo bessere Ergebnisse.

Es gibt in Oregon so wenig, als in andern Theilen der Vereinigten Staaten, Mangel an Juristen, Doktoren, Geistlichen und Leuten anderer gelehrter Professionen; Leute dieser Klasse werden es schwer finden, sich den Weg zu einer einträglichen Praxis zu bahnen. Indessen können tüchtige Kräfte selbst in diesen Berufszweigen Erfolg erringen, wenn sie Jahre geduldiger Erwartung nicht scheuen.

Auf kaufmännischem Gebiete des Handels ist Platz für Leute mit Unternehmungsgeist und Capital; aber für bloße Gehülfen sind die Aussichten nicht besonders gut.

Wann und wie man nach Oregon reisen soll.

Das Frühjahr ist für die Reise nach Oregon bei Weitem die beste Jahreszeit; der Sommer die nächstbeste, und dann der Herbst; der Winter ist die schlimmste Reisezeit. Im Frühjahr ist die Aussicht, Arbeit zu finden, am Besten; und wer Land zu kaufen oder zu pachten beabsichtigt, kann sofort den Feldbau beginnen.

Einwanderer von Ost-Canada und den atlantischen Staaten haben die Wahl zwischen zwei Routen:

1. Mit den Schiffen der Pacific Mail Steamship Company von New-York nach Colon (Aspinwall), von dort mit Eisenbahn nach Panama, von da mit Dampfschiff nach San Francisko, und von dort mit einem Schiffe der Oregon Steamship Company nach Portland in Oregon.

2. Mit Eisenbahn überland nach San Francisko, und von dort nach Portland in Oregon wie auf der ersten Route.

Die Reise über Panama ist, besonders für Familien, billiger, da gekochte Speisen von den Dampfschiff-Gesellschaften ohne Extraberechnung geliefert werden; aber die Reise von New-York nach San Francisko auf dieser Route währt etwa zehn Tage länger als mit den Emigrantenzügen der Eisenbahnen. Die Ueberland-Route ist vorzuziehen für Einwanderer aus den mittleren, westlichen und südwestlichen Staaten.

Passage-Billette für Dampfschiff von New-York nach San Francisko kosten gegenwärtig: Kajüte, $100; Zwischendeck, $50.

Für die Ueberland-Reise ist es in allen Fällen am billigsten, Durchbillette bis zum Bestimmungsorte zu lösen. Die Personensätze für die verschiedenen Klassen von den atlantischen Seehäfen und Binnenstädten nach Portland ändern sich fortwährend. Emigranten-Billette für die ganze Tour kosten gegenwärtig nach Portland:

Von Portland, Maine	$75.00	Von Galveston	$80.30
„ Boston	76.00	„ Omaha	55.00
„ New-York	75.00	„ St. Paul	70.25
„ Baltimore	75.00	„ New-Orleans	78.00
„ Chicago	65.00	„ Montreal	75.00
„ St. Louis	65.00	„ Quebeck	75.00

Die Reise von Nordcalifornien nach Oregon mit Postkutsche kann bemittelten Leuten empfohlen werden. Das Fahrgeld von Sacramento nach Redding, der nördlichsten Eisenbahnstation in Californien (180 Meilen), beträgt $8; von Redding nach Portland, 480 Meilen (wovon 280 mit Postwagen, und 200 mit der Oregon= und California=Eisenbahn), $40.

Für Emigranten aus Europa liegen zwei Wege für die Reise nach Portland in Oregon offen: mit Dampfschiff nach New-York, und von dort über den Isthmus von Panama oder mit der Eisenbahn überland; oder direct mit englischen oder deutschen Dampfschiffen nach Colon, und von dort nach San Francisko und Portland, wie bereits angegeben. Das Fahrgeld auf der letzgenannten Route beträgt $92.50 Gold. Für die Route über New-York können Emigranten Durchbillette von Glasgow oder Liverpool nach Portland für $73 von P. Fleming, Regierungs=Emigrations=Agenten, 41 Reform Str., Dundee in Schottland, beziehen. Derselbe hat Oregon besucht, und wird gern alle gewünschte Auskunft ertheilen.

Entfernungen von New-York nach Portland in Oregon:

Ueber Omaha und San Francisko	3992 Meilen.
„ Omaha, Sacramento und Redding	3799 „
„ St. Louis, Denver und San Francisko	4150 „
„ St. Louis, Sacramento und Redding	3957 „

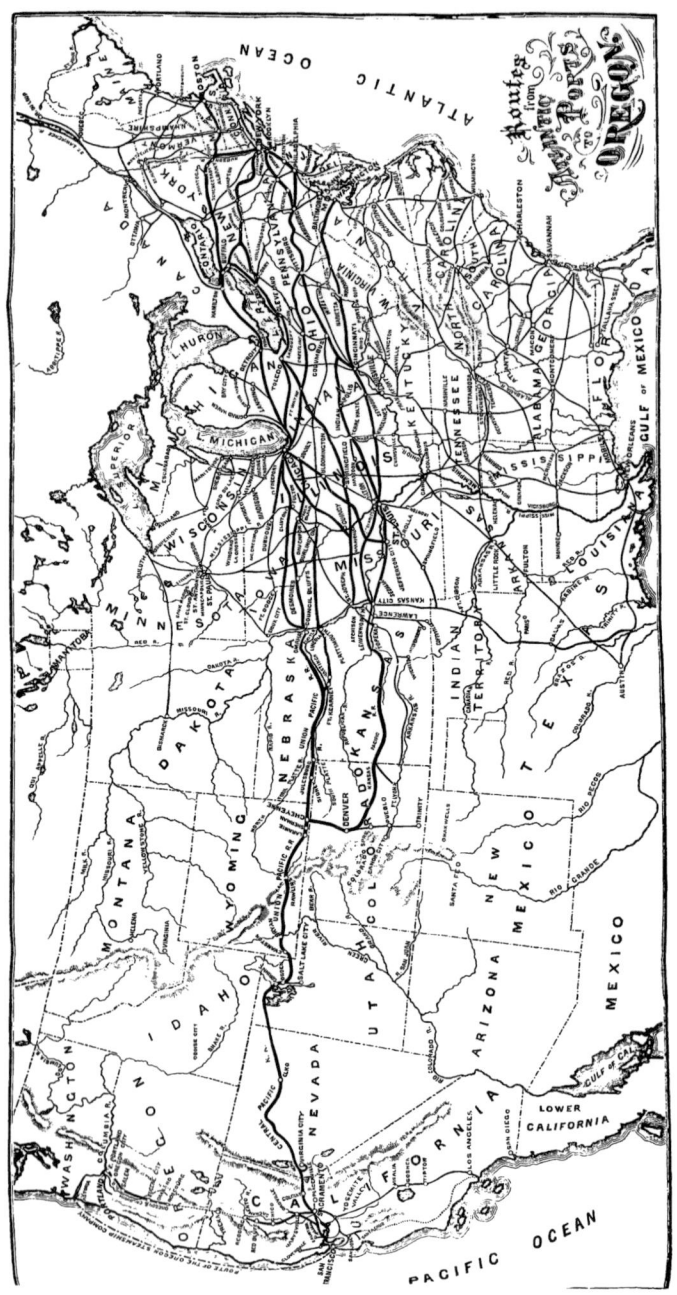